Patchworkfamilie

Meins. Deins. Unser.
So regeln Sie Geld-
und Rechtsfragen

Immer aktuell
Wir informieren Sie über wichtige Aktualisierungen zu diesem Ratgeber. Wenn sich zum Beispiel die Rechtslage ändert, neue Gesetze oder Verordnungen in Kraft treten, erfahren Sie das unter:
www.ratgeber-verbraucherzentrale.de/aktualisierungsservice

Patchworkfamilie

Meins. Deins. Unser. So regeln Sie Geld- und Rechtsfragen

MAREN LOHRER

verbraucherzentrale

23 Familie und Finanzen

85 Geld und Hilfen vom Staat

Inhalt

107
Sparpotentiale nutzen

139
Aus und vorbei

119
Lebensabend absichern

Zu diesem Buch

Geld ist das Thema, über das Paare am meisten streiten. In Patchworkfamilien stellen die Finanzen eine besondere Herausforderung dar: Wer zahlt zum Beispiel die Jugendfreizeit des Sohnes aus erster Ehe? Sollen die laufenden Kosten geteilt werden, obwohl er zwei Kinder in die neue Beziehung brachte und sie nur eines?

Schon diese Fragen zeigen, wie sehr das komplexe Beziehungsgefüge alltägliche Geldfragen beeinflusst – und erschwert. Hier sind klare Analysen und Regeln nötig. Es ist auch wichtig, die Bedürfnisse dahinter anzusprechen, denn oft ist der Streit ums Geld nur ein Stellvertreterproblem, geht es eigentlich um Respekt, Macht und Anerkennung.

Gesellschaftlich gehören sie längst zum Alltag, statistisch gesehen existieren Patchworkfamilien nicht. Sie werden schlichtweg nicht erfasst. Für sie gelten viele Vergünstigungen nicht, die der „normalen Kernfamilie" zustehen. Patchworker haben also zumeist höhere Aufwendungen, erhalten aber weniger staatliche Unterstützung. Umso wichtiger ist es für sie zu wissen, welche Rechte sie haben, wie sie gut haushalten und wann sie Geld vom Staat erhalten können.

In Patchworkfamilien hat ein Partner – oder beide – schon eine Trennung mit Kind erlebt. Die Erfahrungen machen aufmerksam für die Zukunft: Dieses Mal soll es besser klappen. Unser Ratgeber soll zum Gelingen des Vorsatzes beitragen.

Kommt es trotzdem zur Trennung, fängt der Streit ums Geld meist erst richtig an. Daher widmet sich dieses Buch auch der Frage, wie sich Trennung und Scheidung finanziell auf eine Patchworkfamilie auswirken. Was kann in guten Zeiten geklärt werden, um die schlechten besser zu überstehen? Und: Was ist, wenn der Erbfall eintritt? Ohne Testament greift die gesetzliche Erbfolge – die kann zu unliebsamen Überraschungen führen. Denn die Patchworkfamilie kommt im gesetzlichen Erbrecht nicht vor.

Dieser Ratgeber vermittelt wirtschaftliches Wissen speziell für Patchworkfamilien, nennt Tipps für den Alltag und bietet Entscheidungshilfen. Er möchte ermutigen, über Geld zu sprechen und finanzielle und rechtliche Angelegenheiten gemeinsam zu regeln. Das braucht zwar Zeit, aber – um in der Sprache des Geldes zu bleiben – es ist ein Investment, das sich lohnt!

Aus unserer Beratungspraxis

Die wichtigsten Fragen und Antworten

→ Jährlich beantworten wir in unseren bundesweit rund 200 Beratungsstellen Hunderttausende von Fragen und helfen bei der Lösung von Problemen, die Verbraucherinnen und Verbraucher an uns herantragen. Aus dieser täglichen Praxis wissen wir am besten, wo der Schuh drückt und wie konkrete Unterstützung aussehen muss. Diese Erfahrungen sind Grundlage unserer Ratgeber: mit präzisen, verbraucherorientierten Informationen, zahlreichen Tipps und Hintergrundinformationen zum besseren Verständnis.

Sollte für eine individuelle Frage weiterer Besprechungsbedarf bestehen, hilft unsere Beratung weiter. Eine Übersicht über unser umfassendes Angebot finden Sie unter: **www.verbraucherzentrale.de.**

Profitieren Sie von unserer Beratungskompetenz!

Meine Frau und ich streiten oft beim Thema Geld. Wie bekommen wir die Situation sachlicher geregelt?

In Patchworkfamilien treffen Menschen zusammen, die bereits Regeln und Werte aus vorherigen Familien-Konstellationen mitbringen. Wer sich über den Umgang mit Geld nicht einig wird, sieht schnell Fairness und Vertrauen verletzt. Dann können Kränkungen entstehen, die die Beziehung belasten.

Sie sollten über die unterschiedlichen Erwartungen und Möglichkeiten in puncto Geld sprechen, sonst entstehen Konflikte, die immer wieder zum Vorschein kommen. Es gibt kein Patentrezept für den Umgang mit Geld in einer Partnerschaft. Daher zeigt dieser Ratgeber mehrere Möglichkeiten auf. Wichtig ist, dass die Beteiligten ihre eigene Lösung als fair empfinden.

Wie Geldgespräche gelingen können, lesen Sie auf → Seite 32 ff. Wie Sie einen gemeinsamen Haushaltsplan aufstellen, steht auf → Seite 69 ff.

Was dürfen Stiefeltern eigentlich entscheiden?

Wenn die Patchworkeltern verheiratet sind, hat der Stiefelternteil das Recht, in Alltagsangelegenheiten des Kindes mitzuentscheiden. Dieses „kleine Sorgerecht" ist in § 1687b BGB festgelegt. Zu den Alltagsangelegenheiten gehören die Freizeitgestaltung und Schulangelegenheiten. Die Mitentscheidungsbefugnis des Stiefelternteils setzt allerdings voraus, dass der Ehepartner allein sorgeberechtigt ist. Zudem dürfen die Entscheidungen nicht gegen den Willen des sorgeberechtigten Ehepartners getroffen werden.

Teilen sich der Patchworkpartner mit Kind und sein Ex-Partner das gemeinsame Sorgerecht, so kann der Stiefelternteil kein kleines Sorgerecht erhalten.

→ Seite 21

Was können wir beim Kindergeld beachten? Mein neuer Partner hat zwei Söhne, die nur am Wochenende bei uns sind. Ich selbst habe eine Tochter. Wir erwarten nun gemeinsamen Nachwuchs.

Das monatliche Kindergeld beträgt 204 Euro für die ersten beiden Kinder, 210 Euro für das dritte und 235 Euro ab dem vierten Kind. Für ein Kind kann immer nur eine Person Kindergeld erhalten.
Wer in kinderreichen Patchworkfamilien den Bezugsberechtigten für das Kindergeld geschickt wählt, kann von höheren Leistungen profitieren. Dies liegt in der Besonderheit der sogenannten Zählkinder begründet.
Wenn Sie nun das Kindergeld für das gemeinsame Baby beantragen, würden Sie 204 Euro erhalten. Ihrem Partner hingegen würden 210 Euro zustehen. Denn er hat bereits zwei eigene Kinder, die mitzählen – auch wenn sie nicht in Ihrem Haushalt leben. → Seite 86

Bislang erhalte ich den Unterhaltsvorschuss für Alleinerziehende. Verliere ich den, wenn ich mit meinem neuen Partner zusammenziehe?

Der Unterhaltsvorschuss ist eine besondere Hilfe für Kinder von Alleinerziehenden. Er wird gezahlt, wenn das Kind keinen oder nur unregelmäßigen Unterhalt vom anderen Elternteil erhält.
Der Unterhaltsvorschuss wird auch an unverheiratete Patchworkfamilien gezahlt, so erläutert das Bundesfamilienministerium. Sie verlieren den Vorschuss also nicht, wenn Sie mit Ihrem neuen Partner zusammenziehen. Falls Sie jedoch heiraten, endet der Anspruch auf den Unterhaltsvorschuss. → Seite 98

Mit meiner Lebensgefährtin und ihrem Sohn bilde ich eine Patchworkfamilie. Wir leben zusammen. Warum muss ich trotzdem in der Pflegeversicherung den Beitragszuschlag für Kinderlose leisten?

Der Trauschein macht den Unterschied. Kinderlose zahlen einen Beitragszuschlag zur gesetzlichen Pflegeversicherung. § 55 Abs. 3 Satz 1 SGB XI sieht vor, dass sich der Beitragssatz für kinderlose Versicherte um 0,25 Prozentpunkte erhöht.
Sind die Patchworkeltern verheiratet, muss der Stiefelternteil keinen Kinderlosenzuschlag zahlen – auch nicht, wenn die Ehe später geschieden werden sollte.
Leben die Patchworkeltern jedoch unverheiratet zusammen, so gilt der Partner ohne leibliches Kind als kinderlos – auch wenn er sich jahrelang intensiv um das Kind im gemeinsamen Haushalt kümmert.
→ Seite 132

Wir leben ohne Trauschein zusammen. Wenn nun einer stirbt, ohne einen letzten Willen zu hinterlassen, was erbt der andere?

Die Patchworkfamilie kommt im gesetzlichen Erbrecht nicht vor. Ohne einen letzten Willen erben der Partner und die Kinder, die er mit in die Beziehung gebracht hat, nichts. Dann greift die gesetzliche Erbfolge – die kann zu unliebsamen Überraschungen führen. In Patchworkfamilien ist es daher sehr wichtig, sich Gedanken zu machen, wie die Partner sich absichern können, und anwaltlichen Rat einzuholen.
→ Seite 149 ff.

Zwischen Flickwerk und Muster

Familie ist weit mehr als „Ehering, Mama, Papa, ein bis zwei Kinder". Viele Haushalte passen heutzutage nicht in dieses eine Schema. Gesellschaftlich sind Patchworkfamilien längst zum Alltag geworden. Dennoch werden sie nicht nur in Recht und Gesetz weiterhin „stiefmütterlich" behandelt, sondern auch in der Statistik. Sie kommen dort einfach nicht vor, sind die großen Unbekannten. Was macht Patchworkfamilien so individuell, wo liegen ihre Schwachstellen? Wie das komplexe Beziehungsgefüge den Alltag beeinflusst und erschwert, erfahren Sie auf den folgenden Seiten.

Was macht Patchworkfamilien so individuell?

Ring, Rosen, Romantik – die Ehe ist nach wie vor populär: Im vergangenen Jahr sagten rund 450.000 Paare hierzulande „Ja" zueinander. Doch ist sie auch ein „Bund fürs Leben"? Nicht immer, denn jede dritte Ehe hält nicht.

Etwa die Hälfte der Geschiedenen hatte, laut Statistischem Bundesamt, minderjährige Kinder. Und wie viele Beziehungen ohne Trauschein, aber mit Kindern, in die Brüche gehen, ist statistisch überhaupt nicht erfasst.

Doch nach einer Trennung finden viele Alleinerziehende wieder einen neuen Partner: Eine Patchworkfamilie entsteht – mit nur noch einem Elternteil des Kindes/der Kinder und einer weiteren Person (evtl. ebenfalls mit Nachwuchs). „Patchwork" – also Flickwerk – so heißt das Familienmodell, weil die Mitglieder unterschiedlicher Herkunft sind. Im Englischen spricht man üb-

HINTERGRUND

Die Stieffamilie: Es war einmal ...

Die Vorsilbe „Stief" kommt vom Althochdeutschen „stiof", das so viel bedeutet wie „hinterblieben", „verwaist". Oft waren die Väter im Krieg gefallen oder die Mütter im Wochenbett verstorben. Der Tod eines Elternteils war damals in den meisten Fällen Auslöser einer Wiederheirat, um die Familie sozial und finanziell abzusichern. Aus Märchen ist der Typus der bösen Stiefmutter bekannt. Die fremden Kinder werden „stiefmütterlich" behandelt, die eigenen Kinder bevorzugt. Bekanntes Beispiel: Aschenputtel aus den Hausmärchen der Brüder Grimm.
Durch den medizinischen Fortschritt ist der frühe Tod eines Elternteils heute weitaus seltener geworden. Vor allem die Müttersterblichkeit im Wochenbett ist deutlich gesunken.
Heutzutage ist es weniger der Tod, sondern es sind hauptsächlich Trennungen und Scheidungen, die Stieffamilien entstehen lassen. Das Bedürfnis nach Familie und Partnerschaft ist schließlich auch bei vielen getrennten Elternteilen vorhanden, sodass etliche einen neuen Versuch wagen. Oft wird dann nicht die Bezeichnung „Stiefeltern" gewählt, da das Klischee der bösen Stiefmutter aus dem Märchen zu präsent ist. Stattdessen wird von „Bonus-Eltern" oder „Zweitfamilie" gesprochen.

rigens nicht von „patchwork family", sondern von „blended family", was sich als „Mischfamilie" übersetzen ließe.

Bei der Kernfamilie ist die Definition simpel: Elternpaar mit eigenen Kindern. Unter „Patchwork" hingegen werden verschiedene Familientypen gefasst, die unterschiedlich komplex sind:

- Ein Elternteil bringt Kinder mit, gemeinsamer Nachwuchs (ja/nein)
- Beide Partner bringen Kinder mit, gemeinsamer Nachwuchs (ja/nein)

Diese vier Varianten gibt es dann mit oder ohne Trauschein der neuen Partner.

Mit Trauschein wird von Stiefeltern gesprochen. Für die Patchworkeltern ohne Trauschein existiert kein Begriff, der sich analog verwenden ließe.

Die Formen des Zusammenlebens sind vielfältig geworden. Immer mehr Kinder wachsen in den unterschiedlichsten Familienkonstellationen auf: Bei Alleinerziehenden, bei Getrennterziehenden, in Vater-Mutter-Kind-Familien – mit Trauschein oder ohne, in Mehrgenerationen-, Patchwork- oder Regenbogenfamilien. Nicht nur in der ehelichen Kernfamilie ist verantwortliche Elternschaft möglich, das zeigen die vielfältigen Erfahrungen in den unterschiedlichen Konstellationen.

Doch Steuerrecht, Erbrecht, Sozialversicherung – sie alle haben mit der gesellschaftlichen Wirklichkeit nicht Schritt gehalten. Das wirft Fragen auf.

Weshalb wird beispielsweise bei einer Patchworkfamilie vorausgesetzt, dass der neue Partner das Kind des anderen Partners finanziell unterstützt, sodass das Kind möglicherweise keine Sozialleistungen beantragen kann? Gleichzeitig darf dieses Kind aber nicht mitzählen, wenn es ums BAföG geht. Patchworker stellen fest, dass vielfach mit zweierlei Maß gemessen wird. Und zwar zu ihrem Nachteil.

Die große Unbekannte

Gesellschaftlich sind Patchworkfamilien zwar längst zum Alltag geworden, doch werden sie nicht nur in Recht und Gesetz „stiefmütterlich" behandelt, sondern auch in der Statistik. Es lässt sich noch nicht einmal feststellen, wie viele dieser Familien es aktuell in Deutschland gibt, da sie nicht systematisch erfasst werden.

So resümiert das Bundesministerium (BMFSFJ) im *Monitor Familienforschung* Ende 2013: „Generell können Stieffamilien in amtlichen Statistiken relativ schlecht oder teilweise gar nicht abgegrenzt werden." Und weiter: „Damit lassen sich auf Basis der amtlichen Daten keine verlässlichen Aussagen zur Verbreitung von Stieffamilien in Deutschland treffen."

Kurz: Die amtliche Statistik enthält keine Informationen zu neuen Partnerschaften nach Trennung und Scheidung.

Das Ministerium geht grob davon aus, dass in rund sieben bis 13 Prozent aller Haushalte hierzulande Kinder in Stieffamilien leben. Hinzu kommen dann noch die Patchworkfamilien ohne Trauschein. Die Anzahl der Haushalte mit Kindern, der Eheschließungen und Scheidungen lässt vermuten, dass die Zahl der Patchworkfamilien steigen wird – sie ist ein Familienmodell mit Zukunft.

Wie Nachtrennungsfamilien ihren Alltag leben – auch hierüber ist wenig bekannt. Im Unterschied zur traditionellen Kernfamilie, die in einem Haushalt lebt, lässt sich eine Patchworkfamilie in der Regel nicht so klar abgrenzen. Viele Kinder verbringen Zeit in beiden Haushalten der getrennten Eltern. Sie können an beiden Standorten neue Partner der Eltern und weitere Kinder vorfinden. Doch diese komplexen Zusammenhänge, die ja den Alltag vieler Patchworkfamilien ausmachen, fallen durch das statistische Raster.

Zusammensein: Wer sich in einer neuen Partnerschaft befindet

Prozentualer Anteil der Frauen und Männer mit Kindern, die einen neuen Partner haben; Zeit seit der Trennung.

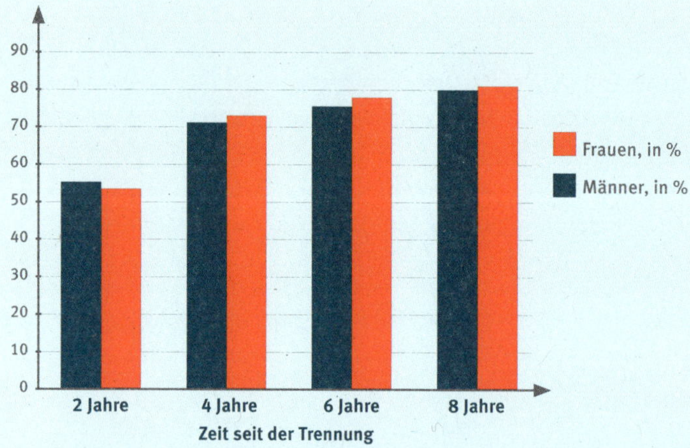

Quelle: Familien nach Trennung und Scheidung in Deutschland, Hertie School of Governance, Universitäten Magdeburg/Rostock, 2018 [FTSD].

Trend zur Zweitfamilie

Die Studie „Familien nach Trennung und Scheidung in Deutschland" versucht einen Einblick in die Lebenswirklichkeiten. Sie ist 2018 von der Hertie School of Governance in Berlin zusammen mit den Universitäten Magdeburg und Rostock erstellt worden.

„Wie lange dauert es nach Trennung oder Scheidung, bis Väter und Mütter wieder eine neue Partnerin oder einen neuen Partner finden? Wann ziehen sie mit der neuen Partnerin oder dem neuen Partner zusammen und wie stabil sind diese Partnerschaften?", fragten die Studienautoren.

Mehr als die Hälfte der Frauen und Männer sind schon am Ende des zweiten Jahres nach der Trennung eine neue Partnerschaft eingegangen. Für einige dauert die Partnerlosigkeit jedoch länger. Nach acht Jahren haben immerhin 20 Prozent noch keine neue Beziehung.

Eine neue Partnerschaft ist ein bedeutender Schritt im Leben von Trennungseltern. Für viele folgt die Gründung einer Patchworkfamilie – sie ziehen mit dem neuen Partner zusammen. So teilen sich zwei Jahre nach der Trennung fast ein Drittel der Eltern ihr Zuhause mit einem neuen Partner, nach acht

Zusammenwohnen: Wer mit dem neuen Partner eine Wohnung teilt

Prozentualer Anteil der Frauen und Männer mit Kindern, die mit einem neuen Partner/einer neuen Partnerin zusammenleben; Zeit seit der Trennung.

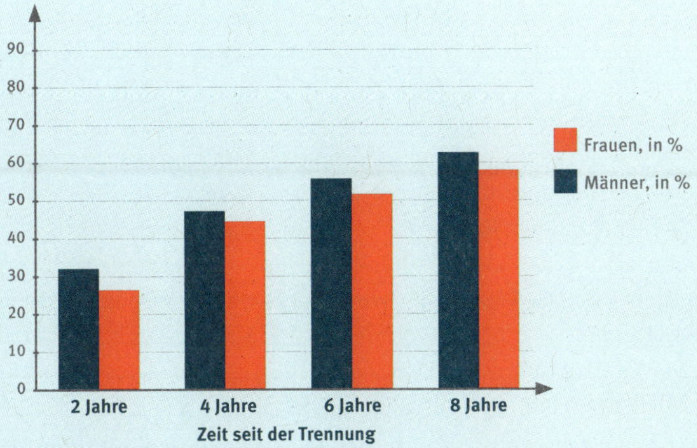

Quelle: FTSD

Jahren sind es rund 60 Prozent. Obwohl Kinder mehrheitlich bei ihren Müttern wohnen und sich für diese Frauen ein Zusammenziehen mit einem neuen Partner daher meist komplexer gestaltet als für Männer, lassen sich kaum zeitliche Unterschiede zwischen Mann und Frau bis zur Gründung einer Patchworkfamilie nachweisen.

Fazit

Die meisten Trennungseltern ziehen über kurz oder lang wieder mit einem neuen Partner bzw. einer neuen Partnerin zusammen. Laut Studie würden weitergehende Analysen zur Stabilität von Stieffamilien allerdings zumeist zeigen, dass diese im Vergleich zu Kernfamilien ein höheres Trennungs- und Scheidungsrisiko aufwiesen. Was brauchen also Patchworkfamilien, damit das Zusammenleben gelingt?

Probleme im Gepäck

Haben sich Alleinerziehende frisch verliebt, wünschen sie sich, dass auch ihre Kinder den neuen Partner mögen und ihn oder sie mit offenen Armen empfangen. Dies gilt erst recht, wenn man zusammenzieht. Doch den Kindern fällt dies mitunter schwer.

Und nicht nur diese haben mit der neuen Situation zu kämpfen: Bis alle Mitglieder ihren Platz im Patchwork gefunden haben und sich wohlfühlen, kann es konfliktreich sein. So treffen Stiefelternteile im neuen Haushalt auf eine eingespielte Teilfamilie. Sie sind das neueste Mitglied und wissen zunächst nicht, welche Regeln im Team gelten. Welche Routinen sind einzuhalten, welche Anforderungen sollen sie erfüllen?

Gesellschaftlich sind die Erwartungen an die neuen Patchworkpartner kaum festgelegt. Das schafft Freiraum. Es kann jedoch auch verunsichern, vor allem, wenn ein Patchworkteil bisher kaum Erfahrung in Kindererziehung oder Haushaltsführung hatte. So kann das Gefühl entstehen, Außenseiter zu sein.

„Du hast mir nichts zu sagen" – diese Parole pubertierender Jugendlicher wirkt auf die eigenen Eltern schon abgrenzend. Wie heftig muss sie dann erst die „Neueltern" treffen. „Das haben wir schon immer so gemacht" – in jeder Beziehung gibt es Rituale, die der Neuankömmling (noch) nicht kennt.

Auch der Umgang mit Geld ist bereits in beiden Patchworkteilen auf bestimmte – und vermutlich unterschiedliche – Weise definiert, wodurch Konflikte auftreten können. Erschwerend wirken die vielen Zusatzausgaben, für die eine Patchworkfamilie Geld aufbringen muss, wenn sie sich (insbesondere durch die Kinder) über mehrere Haushalte erstreckt.

Das Familienministerium hat ermittelt, dass Kinder die finanzielle Situation in Stieffamilien und Ein-Eltern-Familien schlechter einschätzen als in Kernfamilien.

Der Patchworkalltag lässt sich nur mit den Erfahrungen aus der vorherigen Beziehung, der Trennung und der Zeit danach verstehen. Das ehemalige Glück ist verflogen, das Vertrauen in ein neues Glück muss erst entstehen. Geduld, Einfühlungsvermögen, Toleranz und Organisationsgeschick sind gefragt – und werden oft auf die Probe gestellt.

Warum ist das Reden über Geld in einer Patchworkfamilie so wichtig?

Frage an Dr. Sally Peters, Direktorin des Instituts für Finanzdienstleistungen e.V. (iff), Hamburg:

„Menschen gehen mit Geld unterschiedlich um. Das geht auf die Erziehung zurück, auf die eigene Erfahrung und das Finanzwissen. In der Partnerschaft treffen dann zwei Menschen mit womöglich verschiedenen Strukturen im Umgang mit Geld aufeinander. Daher ist es gut, das Thema schon früh und offen in der Partnerschaft anzusprechen.

Finanzfragen können mit emotionalen Fragen nach der Zugehörigkeit verwechselt werden. Das ist besonders für Patchworkfamilien schwierig. Daher ist es wichtig, gemeinsam Regeln für die Zukunft aufzustellen. Ein Patentrezept für den Umgang mit Geld in einer Partnerschaft gibt es nicht, wichtig ist, dass die Beteiligten ihre eigene Lösung als fair empfinden.

Im Fall einer Patchworkfamilie kommen zudem weitere Personen hinzu, die die Finanzplanung beeinflussen, zum Beispiel Kinder und Ex-Partner, denen man zum Unterhalt verpflichtet ist oder mit denen man über Finanzfragen sprechen muss."

Der Ex-Komplex

Es ist nicht nur ein gutes Stück Arbeit, bis alle Patchworkmitglieder ihren Platz im Team gefunden haben. Besonders komplexe Patchworkfamilien müssen im Alltag viel organisieren, brauchen ein gutes Zeitmanagement. Hierbei rückt auch eine weitere große Herausforderung in den Fokus: der Ex-Partner. Der zweite Hauptunterschied zur Kernfamilie besteht darin, dass es außerhalb des Haushaltes meistens einen weiteren Elternteil gibt, zu dem Verbindungen bestehen. Ein Teil der Kinder kann also in zwei Haushalten Mitglied sein. Dies ist unter anderem von der Umgangsregelung und den wirtschaftlichen Gegebenheiten abhängig.

Selten ist diese Situation spannungsfrei. Oft hört man von Patchworkeltern, die Ex-Partner würden „hineinregieren". Diese hingegen sehen das sicherlich anders. Zwar gibt es Fälle, in denen Ex-Partner das Beziehungsaus nicht akzeptieren oder meinen, vermeintlich offene Rechnungen begleichen zu müssen, doch abgesehen von solchem Ausnahmeverhalten gilt es zu berücksichtigen, dass auch der Ex-Partner erst seinen Platz und seine Rolle finden muss. Schließlich bleibt die Elternschaft erhalten, auch wenn die Paarbeziehung nicht mehr besteht.

Diese unterschiedlichen Verbindungen mit oftmals inkompatiblen Wünschen und Vorstellungen machen die Patchworkfamilie so komplex und gleichzeitig fragil. „Eine

Patchworkfamilie ist wie ein Mobile. Wenn ich an einer Stelle tippe, bewegen sich auch die anderen", verdeutlicht Monika Müller, Diplompsychologin und Finanzcoach aus Wiesbaden.

„Stief- und Patchworkfamilien sind komplexe Familienkonstellationen mit spezifischen Problemlagen und ökonomischen und sozialen Belastungen, die sie bewältigen müssen", schreibt das Familienministerium. Konkret heißt das: Sie stehen größeren finanziellen Herausforderungen gegenüber, müssen umsichtiger und bewusster wirtschaften, sollten sich bei staatlichen Leistungen auskennen.

Was passiert, wenn der Erbfall eintritt und es kein Testament gibt? Wenn der Stiefvater zum Pflegefall wird? Wie können Patchworker die Alltagsfinanzen in den Griff bekommen? Wie lässt sich über Geld sprechen? Wie werden Stiefkinder beim Baukindergeld behandelt? Was können berufstätige Eltern steuerlich verbessern? Wie wirken sich Stiefkinder auf Rentenansprüche aus?

GUT ZU WISSEN

Was dürfen Stiefeltern entscheiden?

Wenn es sich um ein echtes Stiefelternverhältnis handelt – die Patchworkeltern also verheiratet sind –, hat der Stiefelternteil das Recht, in Alltagsangelegenheiten des Kindes mitzuentscheiden. Dies wird „kleines Sorgerecht“ genannt und ist in § 1687b BGB geregelt. Zu den Alltagsangelegenheiten gehören die Freizeitgestaltung, Hobbys, Schulangelegenheiten. Diese Mitentscheidungsbefugnis des Stiefelternteils setzt jedoch voraus, dass der Ehepartner allein sorgeberechtigt ist. Zudem dürfen die Entscheidungen nicht gegen den Willen des sorgeberechtigten Ehepartners getroffen werden.
Teilen sich jedoch der Patchworkpartner mit Kind und sein Ex-Partner das gemeinsame Sorgerecht, so kann der Stiefelternteil kein kleines Sorgerecht erhalten.
Soll der Stiefelternteil dennoch Entscheidungen treffen dürfen, muss ihm eine entsprechende Vollmacht erteilt werden. Diese kann aber nur so weit reichen, wie die des Vollmachtgebers zur Regelung von Alltagsangelegenheiten. Bei grundlegenden Entscheidungen für das Kind (zum Beispiel Schulanmeldung, Religionszugehörigkeit) muss der mitsorgeberechtigte Elternteil stets zustimmen.

→ **TIPP Stiefeltern und Erziehung**
Das Thema Erziehung kann in der Patchworkfamilie für Reibereien sorgen. Denn im Alltag betreut auch der neue Partner die Kinder. Als Stiefelternteil sollten Sie das Thema früh ansprechen und mit den leiblichen Eltern klare Vereinbarungen treffen. Dies sollte auch den Kindern mitgeteilt werden, damit Sprüchen wie „Du hast mir gar nichts zu sagen!“ der Boden entzogen wird.

Familie und Finanzen

Die Finanzen im Griff zu haben, ist stets eine Herausforderung. Die Probleme fangen schon damit an, dass die wenigsten Paare darüber reden. Geld ist ein heikles Thema, es geht auch immer um Macht, Liebe und Anerkennung. Doch werden die Finanzfragen nicht zur Zufriedenheit aller gelöst, entstehen Konflikte. Dabei lässt sich einiges dafür tun, damit Geldgespräche glücken.
Im Folgenden erfahren Patchworker, wie Einstellungen zu Geld entstehen, was unter einem Geldtyp zu verstehen ist, wie sich ohne Streit Konflikte lösen lassen und wie sich das Geldgespräch vorbereiten lässt. So können Sie sich für das eigene Vorhaben gut wappnen.

Warum das Sprechen über Geld so oft misslingt

Um Geldgeschäfte mit dem Partner im Alltag zu managen, bieten sich eine passende Kontenlösung und ein Haushaltsplaner an. Doch um diese Ziele ins Auge zu fassen, sollten sich die Partner zunächst Gedanken machen, wie sie über Geld sprechen. Ein heikles Thema, Emotionen sind im Spiel. Ein Minenfeld? Ja, tatsächlich. Gespräche über Geld können schnell eine eigene Dynamik entfalten und gründlich schieflaufen. Doch wenn sie gelingen, sind sie wichtige Stützpfeiler im Patchwork-Alltag.

Geld und/oder Liebe

Schaffen die Patchworkpartner eine emotionale Distanz, wenn sie über Geld reden? Ist das ein Zeichen mangelnden Vertrauens? Oft fällt es den Neuverliebten schwer, Probleme oder Themen anzusprechen, die nicht zur romantischen Liebe passen, die sie sich wünschen. Sie wollen keine Konflikte heraufbeschwören und die Innigkeit ihrer Beziehung gefährden. Schließlich haben viele von ihnen das Scheitern einer Familie schon einmal erlebt. Deshalb ist die Distanz bei solchen Themen manchmal gut und erleichtert die nüchterne Betrachtung der Fakten.

Schweigen aus Rücksicht oder aneinander vorbeireden kann zu Problemen oder sogar zum Ende einer Beziehung führen. Daher ist es gut, Probleme oder „ungute Gefühle“ konstruktiv anzusprechen. „Finanzen gehören zu den Gegebenheiten einer Beziehung, mit denen die Patchworkfamilie leben muss. Nur wenn diese Grundlagen geklärt und transparent sind, kann sich die Liebe entfalten“, sagt Katharina Grünewald, Psy-

In Familien wird oft über Geld gestritten. Besonders Patchworkeltern können ein Lied davon singen. Weshalb ist das so?

Frage an Dr. Birgit Happel, Soziologin und Vorstand im Präventionsnetzwerk Finanzkompetenz e. V.:

„In Patchworkfamilien treffen Menschen zusammen, die bereits Regeln und Werte aus vorherigen Familien-Konstellationen mitbringen. Wer sich übers Geld nicht einig wird, kommt schnell auf eine emotionale Schiene und sieht Fairness und Vertrauen verletzt.

Wenn beispielsweise jemand sehr restriktiv mit seinem Geld umgeht, wird er oder sie mit Argusaugen darauf achten, wofür der Partner/die Partnerin Geld ausgibt. Konfliktpotential bergen nicht nur Unterhaltsverpflichtungen für Kinder, sondern auch vermeintliche Bevorzugungen oder Benachteiligungen, die beim anderen beobachtet werden. Hier entstehen leicht Eifersucht und Kränkungen, die die Beziehung belasten. Hinzu kommen unter Umständen Differenzen über den ‚Geldstil‘ der nicht gemeinsamen Kinder, wenn diese ein gewisses Alter erreicht haben. Es ist wirklich wichtig, über die unterschiedlichen Erwartungen, Möglichkeiten und Voraussetzungen in Bezug auf Geld und Finanzen zu sprechen, sonst entstehen Konflikte, die immer wieder zum Vorschein kommen.“

chologin aus Köln. Geld steht stellvertretend für vieles andere. „Oft geht es eigentlich um Fragen von Macht, Geborgenheit, Liebe, Anerkennung", sagt Monika Müller, Diplompsychologin und Finanzcoach aus Wiesbaden.

Potential für Konflikte gibt es genug – sogar unabhängig davon, wie viel Geld insgesamt zur Verfügung steht. Beispiele:

→ Wer trägt wie viel zum Einkommen bei?
→ Wie wird das Geld bei Anschaffungen verteilt und wie wird das entschieden?

Fragen über Fragen, die Paare sich selten stellen und nur widerwillig beantworten. Viele haben das Gefühl, dass die Romantik leidet, sobald Diskussionen um Ausgaben und ums Sparen beginnen. „Wenn das Geld in den Raum kommt, darf die Liebe nicht aus dem Fenster springen", so Müller.

Geld und Gegenleistung

Oft werden finanzielle Probleme abgetan, weil es „nur ums Geld geht". Doch Psychologin Grünewald hat beobachtet, dass der tatsächliche Umgang mit Geld durchaus etwas über die „wahren Begebenheiten des Herzens" aussagt. Häufig werden hier (unbewusste) Aspekte offenbar, die von den gegenseitigen Beteuerungen, wie sehr man sich liebt, zugedeckt werden.

Eigene Einstellungen können sich ändern, äußere Umstände auch. Ein Partner wird krank oder verliert den Job. Ein Partner erbt. Kinder kommen, Kinder werden flügge und gehen aus dem Haus. Das ändert die Beziehung und auch die Geld-Balance.
Darüber muss man reden, möglichst bevor der Konflikt schon da ist. Denn oft trägt der Partner aus Liebe Gegebenheiten mit, die eigentlich nicht selbstverständlich sind.
„Natürlich erziehe ich auch die Kinder mit, ich liebe ihn ja" oder
„Selbstverständlich habe ich sie bei ihrer neuen Ausbildung finanziell unterstützt, ich liebe sie ja".

„Unbewusst wird oft eine Gegenleistung gefordert. Wenn diese nicht erbracht wird – die Kinder sind nicht dankbar, der Partner sieht es als selbstverständlich an und wertschätzt die Großzügigkeit nicht im besonderen Maß –, wird irgendwann die Liebe verbraucht. Zurück bleibt das Gefühl, ausgenutzt zu werden. Dann ist es aber in der Regel zu spät, um über finanzielle Arrangements zu sprechen", hat Grünewald beobachtet.

Oft misslingt das Reden übers Finanzielle. Laut Vorwerk Familienstudie 2013 streiten 41 Prozent der Partner wegen Geldfragen. Ist das Sprechen über Geld bei kinderlosen Paaren und in der Kernfamilie schon schwierig, so erst recht in Patchworkfamilien. „Es gibt hier viel mehr Interessenskonflikte", sagt Müller. Dies verdeutlichen zwei Erfahrungsberichte:

»Ich habe mich so bemüht. Aber sobald ich sage: ‚Wir müssten mal über Geld sprechen', sehe ich schon, wie bei ihm der Rollladen heruntergeht. Ich weiß nicht einmal, was mein Partner verdient und ob er Schulden hat. Wie soll das in unserer zusammengewürfelten Familie denn laufen? Wie sollen wir denn Ausgaben gerecht aufteilen, wenn einer der Partner eine Blackbox ist?"
Silke M.

»Wenn ich zu ihr sage: ‚Lass uns mal schauen, wo wir sparen können', dann schießt sie sofort zurück: ‚Bei den Kindern wird nicht gespart.' Dabei hab ich das doch gar nicht gemeint. Also, es gibt doch auch Kinderflohmärkte, oder? Und Spielzeug und Hobbys haben die Kleinen ohnehin genug. Zahl ja eh alles ich, obwohl nur die Melanie mein Kind ist, und die ist selten da."
Peter T.

Einfluss des Elternhauses

Wie wir mit Geld umgehen hat Folgen: Erfolg, Zufriedenheit, womöglich auch Glück – wenn es souverän eingesetzt wird. Wer mit Geld jedoch nicht haushalten kann, der läuft Gefahr, finanziell auf keinen grünen Zweig zu kommen, womöglich gar in Schulden abzurutschen. Und Geld wird oft tabuisiert, man redet wenig darüber – selbst in Beziehungen. „Viele wissen nicht einmal, was eigentlich der oder die andere verdient", weiß Finanzexperte Thomas Hentschel von der Verbraucherzentrale NRW. Auch Sozialforscher erleben oft, dass Fragen nach der Einkommenshöhe nicht beantwortet werden.

Warum treffen manche Menschen bessere finanzielle Entscheidungen als andere? Eine gute Schulbildung, die auch wirtschaftliche Themen umfasst, führt zu besseren Finanzentscheidungen. Doch viele Studien vernachlässigen, wie die Erziehung durch die Eltern das Finanzverhalten beeinflusst, so berichtet das Deutsche Institut für Wirtschaftsforschung (DIW). Es weist seinerseits nach, dass die Eltern den stärksten Effekt auf das Finanzverhalten der Kinder haben. Die Kinder lernen im Elternhaus Normen und Verhaltensweisen, die ihre Finanzentscheidungen auch beeinflussen, wenn sie längst erwachsen sind.

Innere Landkarte

Jeder bringt also eine Art innere Landkarte mit Werten und Überzeugungen aus seiner Ursprungsfamilie mit. Was für den einen Sparsamkeit ist, ist für den anderen Geiz. Was der eine für großzügig hält, verurteilt der andere als verschwenderisch. Dieser Einfluss aus dem Elternhaus – und der Gesellschaft – kann die eigenen Entscheidungen über Jahrzehnte leiten, auch wenn man sich dessen gar nicht bewusst ist.

Das zeigt sich in Erfahrungen mit Geld in der Familie wie: „Über Geld spricht man nicht, man hat es." – „Ich habe immer die Sachen der großen Schwester anziehen müssen, wenn sie rausgewachsen war." – „Du schmeißt Geld für die Miete raus." – „Wer billig kauft, kauft zweimal." – „Spare in der Zeit, denn dann hast du in der Not." – „Das Geld muss unter die Leute."

→ TIPP

Fragen Sie sich (in Vorbereitung auf das Finanzgespräch mit dem Partner): Wo haben Sie sich über Geld informiert? Was haben Ihre Eltern Ihnen über Geld beigebracht?

Frau Freigiebig und Herr Horten

Wie man mit Euro und Cent umgeht, hängt sehr vom jeweiligen „Geldtyp" ab, davon, wie sparsam ein Mensch ist und wie gut er sich um seine Finanzen kümmert. Entspricht der eigene Geldtyp dem des Partners oder ergänzen sie sich, kann das eine gute Basis sein.

„Wenn man weiß, dass einer nicht so gerne Geld ausgibt und lieber auf Nummer sicher geht, der andere hingegen großzügig ist, dann können solche Rollen zusammen Sinn stiften. Man kann das gegenseitig wertschätzen und jeder für sich nutzen. So funktioniert der eine als Grenze oder Bremse der Großzügigkeit und der andere kann mit seiner Leichtigkeit für Stimmung sorgen. Im Vorfeld kann man natürlich zusammen überlegen: Eine Runde zu Karneval muss immer drin sein. Aber ein feudales Menü für vierzig Personen sprengt die Grenzen", so Grünewald.

→ TIPP Überlegen Sie:

Wo verorten Sie sich? Wo sehen Sie Ihren Partner? Und umgekehrt – wie deckungsgleich sind die Einschätzungen? Wichtig ist es, sich nicht gegenseitig erziehen zu wollen, sondern zu reflektieren und zu respektieren.

Das Sprechen über Geld kann also scheitern, wenn die Partner aneinander vorbeireden, weil sie unterschiedliche Geldtypen sind. Dann liegen inkompatible Einstellungen zu Geld vor, die kaum reflektiert werden. Zudem kann das Gespräch misslingen, weil sie sich grundsätzlich angegriffen fühlen. Das Thema Geld berührt wunde Punkte – man wird verletzlich, will sich nichts vorschreiben lassen.

Wie kann man wertschätzend sprechen?

Die Geldtypen

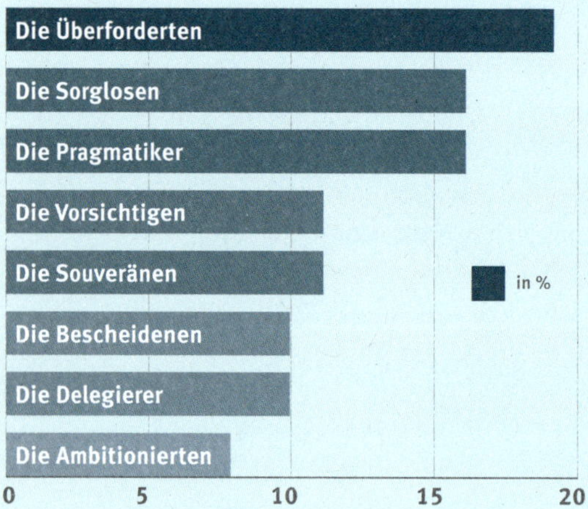

Quelle: Studie Sinus Sociovision 2004 für die Commerzbank

→ **Die Überforderten/Resignierten:** Rund 19 Prozent der Bundesbürger lassen sich dem finanziell gefährdeten Typus des „Überforderten" zurechnen. Hierzu gehören mehr Frauen als Männer, eher Menschen jungen und mittleren Alters, häufig Arbeiter und Arbeitslose. Das Haushaltseinkommen ist meist niedrig. Dieser Typus hat oft das Gefühl, finanziell ungerecht behandelt zu werden, bekommt beim Thema Geld schlechte Laune, zeigt Angst vor sozialem Abstieg. Er sieht keine Möglichkeit, an seiner finanziellen Situation selbst etwas zu ändern.

→ **Die Sorglosen/Leichtfertigen:** 16 Prozent der Befragten haben Freude am spontanen Konsumieren, für das Alter wird kaum gespart. Diese Sorglosen und Leichtfertigen leben laut den Marktforschern ganz im Hier und Jetzt. Der Altersschwerpunkt dieser Gruppe liegt bei 50 Jahren und darüber, ein einfaches Bildungsniveau überwiegt. Sie besteht mehrheitlich aus Facharbeitern, Arbeitern oder Rentnern. Trotz begrenzter finanzieller Mittel denken sie nicht an die finanzielle Zukunft, mögliche Probleme werden verdrängt.

→ **Die Pragmatiker:** Geld ist Mittel zum Zweck, so denken Mitglieder dieser Gruppe, die vorwiegend aus 20- bis 39-Jährigen besteht. Mittlere und gehobene Berufsgruppen sind überrepräsentiert. Pragmatiker konzentrieren sich lieber auf andere Lebensbereiche. Sie wissen zwar, dass sie aktiv vorsorgen müssen, machen das jedoch nur zögerlich.

→ **Die Vorsichtigen:** Distanziert und sachlich ist die Grundhaltung dieses Typus zu Gelddingen. Zur Gruppe der Vorsichtigen gehören gleichermaßen Männer und Frauen, Junge und Alte. Mittlere und gehobene Bildung ist stark vorhanden sowie relativ hohe Einkommen. Dieser Typus setzt auf Vermögensplanung und Altersvorsorge, beschäftigt sich mit dem Finanzmarkt, geht wenig Risiken ein.

→ **Die Souveränen:** Sehr kompetent und interessiert in ihren Finanzangelegenheiten – das sind die Souveränen. Bei dieser Gruppe sind die Männer in der Mehrheit, meist im Alter von 40 bis 59 Jahren, sie sind gut ausgebildet und gut verdienend. Unter ihnen sind viele Freiberufler, Selbstständige sowie leitende Angestellte und Beamte. Ihre Einstellung wird von Marktforschern als „geldaktiv“ bezeichnet. Sie besitzen Sachverstand und Interesse an Finanzthemen und die Bereitschaft, kalkulierbare Risiken einzugehen.

→ **Die Bescheidenen:** Rund 10 Prozent werden zu den Bescheidenen gezählt. Sie gehören zu den traditionellen Sparern und agieren sehr vorsichtig mit ihrem Geld. In dieser Gruppe überwiegen Menschen mit einfachen Bildungsabschlüssen und über 50-Jährige bzw. Rentner. Sparen – ja, Geld anlegen – nein, denn damit könne man ja viel Geld verlieren, so die allgemeine Vorstellung dieses Typus. Die Gruppe ist eher passiv und wünscht mehr staatliche Fürsorge. Über Geld wird selten gesprochen.

→ **Die Delegierer:** In dieser Gruppe sind Frauen und die Altersgruppe zwischen 30 und 39 Jahren am stärksten vertreten. Ausbildung und Einkommen sind solide, sie blicken zuversichtlich in die Zukunft. Delegierer wissen schon, dass sie sich um ihre finanzielle Situation kümmern müssten. Doch sie überlassen diese Aufgabe lieber Familienangehörigen oder Bankberatern.

→ **Die Ambitionierten:** Sie bilden die kleinste Gruppe der Befragten. Geld ist der Gradmesser ihres Erfolgs, sie beschäftigen sich intensiv mit Geld und sprechen häufig und gerne darüber. Ihr Altersschwerpunkt liegt zwischen 18 und 29 Jahren, es sind meist Männer. Freiberufler, Selbstständige und Inhaber leitender Positionen sind stark vertreten.

Konflikte ohne Streit – wie sag ich's?

Konflikte kommen in jeder Familie vor, in jeder Gesellschaft. Sie konstruktiv auszutragen ist in einer Patchworkfamilie besonders wichtig. Denn diese ist geprägt von einer Vielzahl von Meinungen und Werten, unbewussten Vorprägungen, verschiedenen Allianzen, Zielen, Ressourcen und Bedürfnissen. Zu einer guten Streitkultur gehört hier umso mehr eine wertschätzende Sprache.

In den 1970er Jahren entwickelte der US-amerikanische Psychologe Marshall B. Rosenberg sein Modell der „nonviolent communication", es wird hierzulande als gewaltfreie Kommunikation (GFK) bezeichnet. Hierbei geht es darum, sich aufrichtig mitzuteilen und einander aktiv zuzuhören.

Worte können Brücken sein, die Menschen verbinden. Sie können aber auch Mauern errichten und trennen. Diese beiden Varianten von Kommunikation und Beziehungsgestaltung symbolisierte Rosenberg mit zwei Tieren: Giraffe und Wolf. Die Giraffe – das Landsäugetier mit dem größten Herzen – ist das Symbol für freundliches, mitfühlendes, klares Verhalten. Der Wolf hingegen steht für aggressives Auftreten.

Wolf – angreifen und beleidigen

Konflikte lassen sich hochschaukeln, Familienmitglieder greifen sich verbal an, nutzen negative Pauschalurteile („Dein Sohn kauft doch sowieso nur Blödsinn vom Taschengeld."). Gefühle und Beweggründe des Gegenübers bleiben im Dunkeln, es wird mit Worten verletzt („Deine Tochter führt sich auf wie eine Prinzessin.").

Zu den Wolfstechniken gehören: abwerten, beschuldigen, brüllen, manipulieren, moralisieren, demonstrativ schweigen, pauschalisieren, verharmlosen.

Giraffe – annehmen und verstehen

Mithilfe dieser Gesprächsform lassen sich Bedürfnisse und Gefühle bei sich und anderen aufspüren und ausdrücken.

Ein wichtiges Merkmal der Giraffensprache ist: Dem Gegenüber sagen, was stört, ohne zu beleidigen. Hierbei macht man deutlich, was man fühlt und sich wünscht. Die hohe Kunst ist dann die **„4-Schritte-Bitte"** nach Rosenberg:

1. **Beobachtung** („Ich höre/sehe ...")
   → Beobachtung ohne Bewertung, damit sich der Angesprochene nicht kritisiert fühlt.
2. **Gefühl** („Das erzeugt folgendes Gefühl in mir ...")
   → Es gibt keinen Konflikt ohne Gefühle.
   → Die Ursache für unsere Gefühle sind unsere Bedürfnisse. Nicht die Handlungen anderer lassen in uns Gefühle entstehen, sondern unsere Bedürfnisse. Das Verhalten der anderen ist nur der Auslöser.
3. **Bedürfnis** („Ich brauche ...")
   → Bedürfnisse sind universell. Im Konflikt kollidiert oft die eigene Strategie der Bedürfniserfüllung mit der des Gegenübers (nicht die Bedürfnisse selbst).
   → Der Schlüssel zur Verständigung liegt darin, zu akzeptieren, dass die Bedürfnisse beider berechtigt sind.
   → Grundbedürfnisse: Lebenserhaltung, Sicherheit, Zuwendung, Verständnis, Teilnahme, Entspannung, Kreativität, Identität und Zugehörigkeit, Autonomie, ...
4. **Bitte** („Deshalb hätte ich gern/wünsche ich mir ...")
   → Die Bitte ist klar und konkret zu formulieren.

BEISPIEL

„Der Wein"

„Ich sehe, dass du zwei Kisten eines ziemlich teuren Weins gekauft hast. Ich fühle mich dabei nicht gut, weil wir knapp bei Kasse sind. Ich brauche das Gefühl von finanzieller Sicherheit. Deshalb bitte ich dich, Ausgaben über 300 Euro mit mir abzusprechen."

Für das gegenseitige Verständnis ist das aktive Zuhören gut geeignet. „Mein Gegenüber spricht. Das, was ich verstanden habe, wiederhole ich. Dabei fasse ich mich kurz und halte den eigenen Senf heraus", erklärt Christa Schäfer, Mediatorin aus Berlin. Hört man einer Person aktiv zu, bedeutet das nicht, dass man diese Meinung teilt. Aber dass man bereit ist, das Gegenüber ernst zu nehmen. Dies ist der erste Schritt zur konstruktiven Konfliktlösung.

→ **TIPP Fiktiver Rollentausch**

Bevor Sie in einem Streit antworten: Atmen Sie einmal durch und stellen Sie sich kurz vor, Sie wären Ihr Gegenüber.

Das Geldgespräch

Nur wenn man – neben den harten Zahlen und Fakten – auch die eigenen Schwächen und Stärken kennt, die Wünsche und Möglichkeiten, kann man sich mit dem Partner zusammensetzen und gemeinsam einen Plan entwerfen, der dann auch tatsächlich trägt. Gute Gespräche über Geld kann ein Paar sogar enger zusammenbringen. Dafür müssen beide Partner in den Gesprächen ruhig und respektvoll bleiben – und vor allem sollten sie nicht werten. Ziel des Gesprächs sollte eine Einigung darüber sein, dass Geld beiden Partnern wichtig ist. Dass sie sich beim Finanziellen gegenseitig unterstützen wollen.

Die Partner können sich Fragen stellen wie:

- → Meine letzte Beziehung ist auch an Geldproblemen zerbrochen. Daher würde ich es diesmal gerne besser machen und mit dir über Geld sprechen. Wie wir es aufteilen und ausgeben. Was denkst du?
- → Welche Einstellung hast du zum Geld?
- → Wie wollen wir unser Geld zusammen nutzen?
- → Hast du schon einmal darüber nachgedacht, ob wir etwas ändern sollten? Ob wir Kosten reduzieren können?
- → Worauf können wir gemeinsam sparen?

Zusammen zum Ziel

Wenn man sich mit dem Partner zusammensetzt, um über Geld zu sprechen, ist es gut, sich vorzubereiten. Dann ist das Gespräch kürzer und effektiver. Es ist ratsam, für die Vorbereitung rund zwei Stunden einzuplanen.

Als Basis für das Gespräch brauchen beide Partner Unterlagen mit folgenden Informationen:

- → Übersicht der Konten und Kontostände und Depots
- → Übersicht über sonstige Vermögenswerte (Beteiligungen, Immobilien, Edelmetalle, Versicherungsguthaben, ...)
- → Auflistung möglicher Schulden (Überziehungen, Kredite, sonstige Schulden, jeweils Höhe plus Zinssätze, eventuell Rückzahlpläne)
- → Übersicht über mögliche Außenstände
- → monatliche Einnahmen (Lohn, Gehalt, Elterngeld, Kindergeld, Unterhalt, Ersatzeinkommen, zusätzliche soziale Leistungen, ...)
- → Monatliche Ausgaben (feste Kosten)
- → Monatliche Sparraten

Zu klärende Posten:

- → Wer übernimmt was bei welchem Kind?
- → Kurz- und langfristige finanzielle Ziele
- → Geplante größere Ausgaben bzw. zu erwartende höhere finanzielle Belastungen (Pflege der Eltern, Privatschule der Kinder, ...)

→ **TIPP Über Ziele sprechen**
Wenn Sie sich nun zusammensetzen, legen Sie zunächst die Unterlagen auf die Seite. Sprechen Sie erst über Ihre Ziele. Was wollen Sie finanziell erreichen? Welcher Lebensstil ist Ihnen wichtig? Wie stellen Sie sich Ihr Patchwork im Hinblick auf finanzielle Angelegenheiten vor? Wer hatte sich bislang finanziell um die Kinder gekümmert, welche Möglichkeiten gibt es zukünftig? Was ist in den vorherigen Beziehungen finanziell gut gelaufen, was nicht?

Wenn Partner die monatlichen Ausgaben diskutieren, brauchen sie Fingerspitzengefühl. Denn wer möchte schon gern für seine Ausgaben kritisiert werden? „Das ist halt mein Hobby.“ „Das habe ich schon immer so gemacht.“ „Man muss sich auch was gönnen.“ „Du machst doch auch ...“
Wichtig ist es hier, offen und wertschätzend zu bleiben („Konflikte ohne Streit“, → Seite 30).

→ **TIPP Positiv bleiben**
Üben Sie eher an sich selbst Kritik als am Partner. Lassen Sie kontroverse Punkte besser unkommentiert stehen, statt in einen Schlagabtausch zu verfallen.

Im Geldgespräch sollten die Partner ihre Ziele vor Augen haben: Es soll selbstverständlich werden, dass gemeinsam über die Finanzen geredet wird. „Einkommen, Ausgaben, Vermögen und Schulden sollten jeweils offen besprochen werden“, sagt Thomas Hentschel, Finanzexperte bei der Verbraucherzentrale NRW. Zusammen wollen die Patchworker eine Grundlage für den Umgang mit Geld finden. So wollen sie sicherstellen, dass sie beide gut haushalten können.

In Geldgesprächen können komplexe Probleme auftauchen. Beispielsweise wenn die Partner finanziell sehr ungleich aufgestellt sind, wenn ein Partner nicht mit Geld umgehen kann oder wenn es zu der Frage kommt, wie sich eigentlich unentgeltliche Arbeiten im Haus und bei der Erziehung mit entgeltlichen Arbeiten, dem sogenannten Broterwerb, vergleichen lassen.

Problem 1: Die Partner sind finanziell ungleich gestellt.

Wenn ein Partner über deutlich höhere finanzielle Mittel verfügt als der andere, wird es schwierig, die Kosten für die Ausgaben gerecht aufzuteilen. Denn diese zu halbieren ist oftmals keine gute Option, bürdet sie doch dem geringer Verdienenden übergroße Lasten auf. Hier bietet sich an, sich nicht an absoluten Größen zu orientieren, sondern die Ausgaben relativ zum Einkommen zu betrachten.

Oft müssen aber auch weitere Faktoren mitdiskutiert werden. Wer bringt sich wie ein?

So ist in vielen Familien folgendes Modell verbreitet: Der Mann arbeitet Vollzeit, die Frau Teilzeit. In der Regel bringt sie jedoch Zeit auf für das Gros an Haushalt und Kinderbetreuung. Diese Leistung ist unentgeltlich. Die Partner müssten hier gemeinsam eine Lösung finden. Wie wird das berechnet? („Gleichgewicht oder Machtmonopoly", → Seite 40)

Ein weiteres Ungleichgewicht in der individuellen Rechnung kann durch die Kinder entstehen. Wer bringt wie viele Kinder mit in die Beziehung? Gibt es gemeinsamen Nachwuchs? Welche Kinder wohnen überwiegend im Patchworkhaushalt?

Wer erhält das Kindergeld/den Kinderfreibetrag? Wer erhält wie viel Unterhalt – oder muss welchen zahlen? Schwierig sind große Ungleichgewichte.

BEISPIEL 1

Ballettunterricht

Marion bringt zwei Kinder mit in die neue Beziehung, die beide in der gemeinsamen Wohnung leben. Marion erhält Kindergeld sowie Unterhalt für die beiden vom Ex-Partner. Zusätzlich hat Marion einen 450-Euro-Job. Rolf hat ein Kind aus einer früheren Beziehung, das ihn jedes zweite Wochenende besucht und für das er Unterhalt zahlt. Rolf arbeitet Vollzeit. Die Patchworkfamilie wohnt in einer Mietwohnung mit drei kleinen Kinderzimmern. Rolf kommt für alle Ausgaben auf. Marion möchte nun ihre beiden Mädchen zum Ballett anmelden. Nach einem Kassensturz platzt Rolf der Kragen. Er käme auf keinen grünen Zweig, schimpft er, für ihn bliebe nichts. Wenn Marion Ballettunterricht wolle, so müsse sie diesen selbst bezahlen. Es entspinnt sich eine hitzige Diskussion.

BEISPIEL 2

Eigentumswohnung

Sylvie zieht mit ihrer Tochter zu Bernd und dessen zwei Söhnen. Bernd wohnt in einer geräumigen Eigentumswohnung, die er abbezahlt. Heiraten möchte er nicht mehr. Sylvie wohnt mietfrei bei ihm, versorgt Kinder und Haushalt, arbeitet daher nur Teilzeit. Sie zahlt alles, was im Alltag anfällt, und ein kleines Hausgeld. Daher ist bei ihr das Geld stets knapp. Sie fühlt sich nun ausgenutzt, wirft ihm vor, dass sie auch seine Söhne miterziehe und er die Zimmer ohnehin nicht anderweitig vermieten könne.

Im ersten Beispiel kommt eine Unwucht in die Situation, weil die finanzielle Belastung von Rolf zu hoch ist – und er möchte, dass er in Entscheidungen, die Geld kosten, mit einbezogen wird.

Im zweiten Beispiel argumentiert Bernd, Sylvie zahle ja viel weniger fürs Wohnen als zuvor. Doch das ist nur die halbe Wahrheit. Denn eigentlich ist er der finanzielle Nutznießer – schließlich zahlt sie ihm etwas Geld, um in seiner Wohnung leben zu können und finanziert den Alltag. Sie zahlt also seine Hypothek mit ab, die Wohnung gehört aber ihm allein. Geld für ihre private Altersvorsorge kann sie nicht zurücklegen, dies ist prekär, denn sie wird auch von der gesetzlichen Rentenversicherung deutlich weniger zu erwarten haben als er.

Sinnvoll wäre, wenn beide vereinbaren würden, dass Sylvie die Zahlung des Haushaltsgelds einstellen und dieses Geld stattdessen für die eigene Altersvorsorge nutzen kann.

BEISPIEL 3

Autoleasing

Auf Hans trifft das Sprichwort „Kaum gewonnen, schon zerronnen“ zu. Das Geld reicht kaum bis zum Monatsende.
Schmiss er als Student zu Monatsbeginn öfters WG-Partys, so war er berüchtigt, sich bei seinen Mitbewohnern in der zweiten Monatshälfte durchzuschnorren. Dieses Verhalten hat er auch in seinen Beziehungen nicht abgelegt.
Die erste ernsthafte Beziehung zerbrach, weil seine Partnerin diese Sorglosigkeit nicht mehr mittragen wollte, als das gemeinsame Kind unterwegs war. Inzwischen hat er Petra kennengelernt, die ebenfalls schon ein Kind hat. Sie wollen zusammenziehen, da hat er schon mal ein großes, komfortables Auto geleast. Petra ist nervös, denn sie ist der Meinung, dass sie sich das Auto nicht leisten können.
Sie hat Sorge, das Thema anzusprechen, da Hans bei Finanzen gereizt reagiert.

Problem 2: Der Partner kann nicht mit Geld umgehen.
Wie verhält man sich, wenn der Partner die Ausgaben nicht im Blick hat?

In Beispiel drei will Hans nicht für sein Ausgabeverhalten be- und verurteilt werden. Dabei ist es höchste Zeit, dass das Thema auf den Tisch kommt. Eine Möglichkeit wäre, dass Petra allgemein über Sparziele spricht, die die beiden zusammen erreichen wollen, über primäre Kosten, die den ganzen Monat über zu schultern sind. Geld, das dann übrigbleibt, kann jeder für sich ausgeben. Stimmt der Partner zu, richten sie beide ein Partnerkonto auf Guthabenbasis ein – Überziehung nicht möglich. Von den Gehaltskonten geht zu Monatsanfang per Dauerauftrag die Überweisung an das Partnerkonto.

Wenn die beiden das nächste Mal über Ausgaben streiten, so brauchen sie nicht mit erhobenem Zeigefinger auf das Gegenüber zeigen, sondern auf ihren gemeinsamen Plan, auf den Kontoauszug des Partnerkontos. Das sollte die Diskussion versachlichen helfen.

Hausarbeit und Arbeitseinkommen

Beruflicher Erfolg, Karriere und finanzielle Unabhängigkeit, ohne auf Partnerschaft und Kinder zu verzichten: Wer will das nicht? Doch es besteht eine Kluft zwischen Wunsch und Wirklichkeit. „Spätestens bei der Familiengründung fallen viele Männer und Frauen wieder in alte Rollenbilder zurück", weiß Birgit Wetjen, Volkswirtin, Finanzredakteurin und Coach. „Der Vater verdient das Geld, die Mutter kümmert sich um die Kinder". Was sich wie ein altmodisches und längst überholtes Familienbild anhört, ist hierzulande noch nicht Vergangenheit, ergeben die OECD-Studie „Dare to Share" und Umfragen des Instituts für Demoskopie Allensbach.

Knapp zwei Drittel der Eltern mit Kindern unter drei Jahren finden es zwar ideal, wenn sich beide Partner gleichermaßen in Familie und Beruf einbringen könnten, aber nur ein Drittel der Väter nimmt dann tatsächlich Elternzeit. Von den Vätern, die Elterngeld beantragen, entscheidet sich die Mehrheit nur für die Mindestbezugszeit von zwei Monaten – laut Väterreport des Bundesministeriums für Familie, Senioren, Frauen und Jugend (BMFSFJ).

Offenbar widmen viele Väter ihre Zeit überwiegend dem Job, viele Mütter dagegen der Familie. Dann wird nach hinten geschoben, dass man arbeiten muss, um Eigenständigkeit (und auch die spätere Rente) zu sichern. „Das Risiko der Altersarmut ist für Frauen dann besonders hoch", warnt Wetjen.

Welche typischen beruflichen Sackgassen gibt es für Frauen?

→ **Lange Auszeit im Beruf:** Wer einige Jahre im Job pausiert, hat nur noch geringe Chancen, Karriere zu machen – selbst mit Studium oder einer qualifizierten Ausbildung.

→ **TIPP Kontakt aufrechterhalten**
Bleiben Sie in Kontakt mit Ihrem Arbeitgeber. Fangen Sie bald wieder an zu arbeiten, womöglich erst mit einer geringen Stundenzahl. Hier bietet sich als Zusatzleistung das Elterngeld Plus an. Die Elternzeit eignet sich auch gut, um sich fortzubilden.

→ **Die Minijob-Illusion:** Minijobs sind beliebt, keine Frage. Schließlich sind auf die 450 Euro weder Steuern noch Sozialabgaben – also Kranken-, Pflege- und Ar-

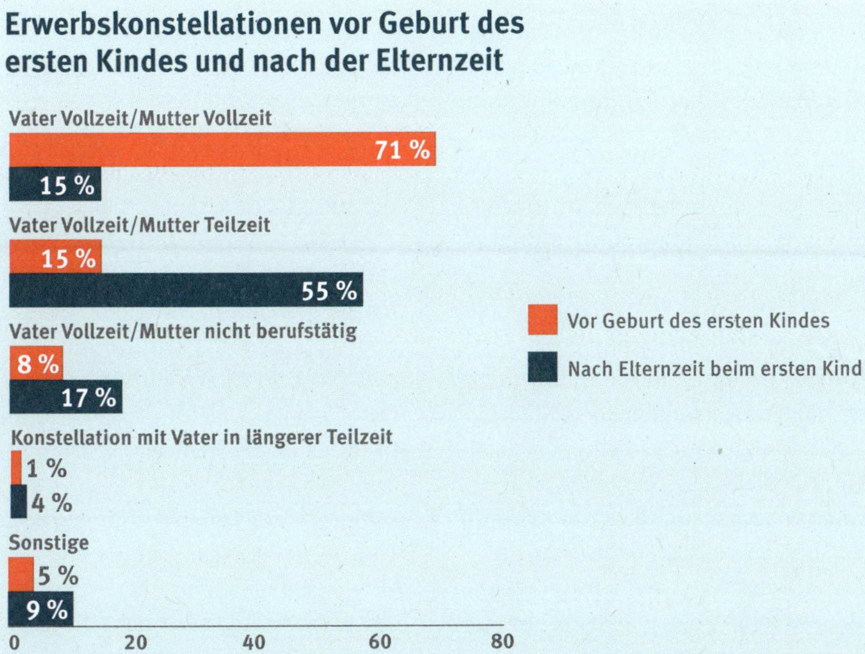

Basis: Bundesrepublik Deutschland, Elternpaare mit Kindern unter sechs Jahren; konkrete Angaben zu beiden Zeitpunkten.
Quelle: Allensbacher Archiv, IfD-Umfrage 7208 (2014)

beitslosenversicherung – zu zahlen. Seit 2013 besteht die Versicherungspflicht in der Rentenversicherung. Doch auf Antrag wird eine Befreiung gewährt (Opt-out-Regelung). Etwa 80 Prozent haben im Juni 2018 von dieser Opt-out-Regelung Gebrauch gemacht.

In Deutschland gibt es 4,9 Millionen Menschen, die ausschließlich geringfügig beschäftigt sind, meldet die Bundesagentur für Arbeit für das Jahr 2019. Davon sind zwei Drittel Frauen.

Minijobs können Probleme bergen. „Geringfügig Beschäftigte erwerben keine eigenständigen sozialversicherungsrechtlichen Ansprüche. Handelt es sich bei einem Minijob um einen Hinzuverdienst für verheiratete Frauen, bedeutet dies aus frauenpolitischer Perspektive eine Fortschreibung des Modells der abgeleiteten sozialen Sicherung auf der Basis der Hausfrauenehe", urteilt das Institut Arbeit und Qualifikation der Universität Duisburg-Essen.

→ **TIPP Entgeltpunkte sichern**
Sie erziehen mindestens ein Kind unter zehn Jahren und arbeiten im Minijob? Dann empfehlen wir, unbedingt in der Rentenversicherung zu bleiben, also keinen Antrag auf Befreiung zu stellen. Denn bis zum zehnten Geburtstag des Nachwuchses können Ihnen Kinderberücksichtigungszeiten angerechnet werden. (Näheres unter „Ein Plus bei der gesetzlichen Rente", → Seite 119) Ein 450-Euro-Job wird dann rententechnisch so behandelt, als würden Sie 675 Euro verdienen, Sie erhalten entsprechend mehr Entgeltpunkte. Später bekommen Sie dann eine höhere Rente ausgezahlt.

→ **Der Partner sorgt:** Es soll hier nicht das Schlimmste angenommen werden. Doch Hand aufs Herz: Wie viele Ehen halten tatsächlich? Laut Statistik wird jede dritte Ehe geschieden. Viele Patchworker haben hier schon Erfahrungen aus erster Hand gesammelt. Auch die Reform des Unterhaltsrechts macht deutlich, dass beide Partner finanziell auf eigenen Beinen stehen sollten. „Bei der Altersvorsorge sollte sich niemand auf seinen Ehepartner verlassen", rät Finanzexpertin Wetjen.

→ **Die Teilzeitfalle:** Mit 39 Prozent arbeiten überdurchschnittlich viele Mütter in Deutschland in Teilzeit (bis zu 30 Wochenstunden), nur knapp 30 Prozent Vollzeit. Zum Vergleich: Im OECD-Schnitt sind knapp 50 Prozent der Mütter in Vollzeit beschäftigt.
Lange galt ein Teilzeitjob als ideale Lösung für Mütter, um Familie und Beruf gleichzeitig zu stemmen. Aber diese Form der Erwerbstätigkeit birgt Risiken: Die Frauen verdienen weniger, werden seltener befördert, haben eine schlechte soziale Absicherung und reiben sich vielfach dennoch auf. Doch nicht alle wollen Vollzeit arbeiten, sie möchten auch Zeit mit den Kindern verbringen. Eine einfache Lösung für das Dilemma ist nicht in Sicht, zumal es auch vielerorts an geeigneten Möglichkeiten zur Kinderbetreuung mangelt.
In Teilzeit Arbeitende verdienen zwar ihr Einkommen, doch reicht das Geld kaum, um für das Rentenalter privat vorzusorgen. Und die gesetzliche Rente? Sie ist für Teilzeitler gering. Für einen finanziell

HINTERGRUND

Das bisschen Haushalt ...

„Das bisschen Haushalt macht sich von allein, sagt mein Mann. Das bisschen Haushalt kann so schlimm nicht sein, sagt mein Mann.“ Das sang die Schauspielerin Johanna von Koczian in den 1970er Jahren. Inzwischen gibt es hierzulande zwar immer mehr Männer, die sich im Haushalt engagieren, dennoch ist die traditionelle Aufgabenteilung noch weit verbreitet, ergeben Studien, die das Institut für Demoskopie Allensbach im Auftrag von Vorwerk erstellt hat; die letzte im Jahr 2013.
In dieser repräsentativen Bevölkerungsumfrage ergab sich folgendes Stimmungsbild: Es seien gut drei Viertel der Mütter, die von der täglichen Haus- und Familienarbeit nach eigener Einschätzung das meiste, wenn nicht gar alles erledigen. So bestätigen im Wesentlichen auch die Väter, dass die Haus- und Familienarbeit ganz überwiegend von ihren Partnerinnen geschultert wird. Aktuell reklamiere allerdings ein mit 35 Prozent vergleichsweise hoher Anteil der Männer für sich, etwa die Hälfte der Tätigkeiten im Haushalt und für die Familie zu übernehmen.
Doch aus Sicht der Frauen wird diese Einschätzung nicht bestätigt. Worin die Diskrepanz liegt, kann hier nicht geklärt werden. Unbestritten ist jedoch, dass die Hauptlast bei der Familienarbeit oft bei den Müttern liegt.

Wie ist die Familienarbeit aufgeteilt? In der Vorwerk Familienstudie wurden folgende Fragen gestellt: „Wenn Sie einmal an die Familienarbeit denken, also an die Erziehung der Kinder und die tägliche Hausarbeit: Wie haben Sie sich die Familienarbeit mit Ihrem Partner/Ihrer Partnerin aufgeteilt? Wie viel machen Sie selbst bei der Familienarbeit?“
Viele Frauen – 62 Prozent der Befragten – finden, dass ihr Partner ihre Leistungen ausreichend anerkennt. Als Dankeschön reiche Frauen zumeist, dass ihr Partner öfter mal „danke“ sage. Doch auch eine Einladung zum Essen, eine Kleinigkeit als Geschenk sowie Blumen kämen gut an, so die Autoren der obigen Studie.
Ein Viertel beklagt hingegen, dass der eigene Partner die von ihr geleistete Haus- und Familienarbeit nicht genug honoriere. Ganz allgemein aber – nicht auf die eigene konkrete Situation bezogen – haben 66 Prozent der Bevölkerung den Eindruck, Haus- und Familienarbeit in Deutschland werde nicht ausreichend anerkannt.

sorgenfreien Ruhestand wird es nicht ausreichen.

Das Risiko der Altersarmut bei Frauen ist deutlich höher als das der Männer. Der Durchschnittsrentner erhält 1.362 Euro monatlich aus der gesetzlichen Rentenversicherung ausgezahlt, die Durchschnittsrentnerin hingegen nur 911 Euro, verzeichnet der Rentenatlas 2019. Laut OECD hat Deutschland das größte Rentengefälle zwischen Männern und Frauen in den untersuchten Ländern.

→ **TIPP Nutzen Sie die sogenannte Brückenteilzeit.**

Seit Januar 2019 gibt es den Rechtsanspruch auf befristete Teilzeit (laut Teilzeit- und Befristungsgesetz, TzBfG). Beschäftigte können seither unter bestimmten Voraussetzungen ihre Arbeitszeit für einen gewissen Zeitraum reduzieren, um dann wieder zu ihrer ursprünglichen Arbeitszeit zurückzukehren.

Angestellte müssen hierfür länger als sechs Monate in einem Unternehmen mit mindestens 45 Arbeitnehmern beschäftigt sein, dann können sie ihre Arbeitszeit für einen Zeitraum von mindestens einem, höchstens aber fünf Jahren reduzieren.

Gleichgewicht oder Machtmonopoly

Im Geldgespräch spielen Fakten eine große Rolle. Sie können dazu beitragen, dass das Gespräch sachlich verläuft. Die Einnahmen sprechen eine eindeutige Sprache. 2.000 Euro sind mehr als 1.500 Euro. Aber damit verlässt man auch schon das Terrain der Eindeutigkeit.

Wenn in einer Patchworkfamilie die Verteilung problematisch ist, so benötigt sie Maßstäbe, um das, was jeder einbringt, fair vergleichen zu können. Jede Patchworksituation ist verschieden, daher wird im Folgenden kein exemplarischer Lösungsweg gezeigt, sondern es werden die Bereiche genau beleuchtet, in denen Ungleichheiten zur unfairen Lastenverteilung führen können. So kann dann jede Familie an den Stellschrauben drehen, die für sie maßgebend sind.

Arbeitseinsatz

In vielen Fällen wird der Arbeitseinsatz, den die Partner haben, um das Geld zu verdienen, unterschiedlich hoch sein.

Auch die Frage, wie viel Zeit und Geld eigentlich der eigene Haushalt benötigt, bringt nur selten eindeutige oder zumindest vergleichbare Antworten. Wie groß ist die Familie? Kommen an den Wochenenden noch weitere Kinder aus früheren Beziehungen hinzu? Wie alt und selbstständig sind die Kinder, wie viel Unterstützung, Fürsorge und

Hilfe brauchen sie? Wie aufwändig und oft wird gekocht oder geht die Familie häufig auswärts essen? Wer packt beim Haushalt mit an – sorgen die Kinder in ihrem Bereich eigenständig für Ordnung und Sauberkeit? Sind Haustiere in der Wohnung? Wie pflegeintensiv ist die Wohnung, wie sieht es mit einem Garten aus? Gibt es eine Haushaltshilfe?

BEISPIEL

Maria & Jonas

Jonas ist als Sachbearbeiter bei einer Versicherung in Vollzeit angestellt, er verdient 3.800 Euro brutto im Monat. Maria arbeitet als Altenpflegerin. Sie verdient in Vollzeit 2.700 Euro brutto monatlich. Zudem braucht sie für ihren Arbeitsweg 45 Minuten, Jonas hingegen nur 20 Minuten. Wie können die Partner mit diesem Umstand umgehen? Wie gewichten sie die Einkommen, wie die Arbeitszeit? Hier sind wieder individuelle Lösungen gefragt.

CHECKLISTE

Mein Zeitplaner

Die Zeit eilt … – falls Sie mit der Arbeit kaum hinterherkommen und sich mehr Entlastung wünschen, kann eine Zeitbilanz hilfreich sein. So lassen sich versteckte Zeitfresser finden. Zudem versachlicht eine solche Aufstellung auch mögliche Diskussionen um die Gewichtung von Erwerbsarbeit und Hausarbeit. Denn: Zeit ist Geld.
In die Tabelle lassen sich eintragen: Tätigkeit, Zeitbedarf – hier bietet die Tabelle die Unterscheidung zwischen tatsächlichem und gewünschtem Aufwand. In das Kommentarfeld lässt sich beispielsweise eine Idee eintragen, wie der Zeitaufwand verändert werden kann.

Beispiel: Morgens ist die Zeit stets knapp. Das Frühstück dauert inklusive Decken und Aufräumen rund 50 Minuten. Gewünscht wird eine Zeitersparnis von 15 Minuten. Als Vorschläge stehen im Kommentarfeld: Tisch schon am Vorabend decken. Kinder sollen nach dem Frühstück beim Aufräumen helfen.

Zeitplaner

TÄTIGKEIT	IST-DAUER	SOLL-DAUER	KOMMENTAR	FORTSCHRITT

Zeit ist Geld

Jeder Haushalt ist anders und trifft für sich passende Entscheidungen. Planung ist in jedem Fall sinnvoll, denn Zeit steht – genauso wie Geld – nicht unbegrenzt zur Verfügung. Durch Planung lassen sich auch die individuellen Wünsche in der Familie besser berücksichtigen, es entsteht mehr Lebensqualität.

Wie lange brauchen bestimmte Arbeiten? Die Bayerische Landesanstalt für Landwirtschaft stellt für das Bayerische Staatsministerium für Ernährung, Landwirtschaft und Forsten (StMELF) ein sehr praktisches Tool zur Verfügung: den Haushaltskompass. Mit seiner Hilfe lässt sich grob berechnen, wie viel Arbeitszeit man in den unterschiedlichen Bereichen und für den gesamten Haushalt benötigt.

Es wird erfragt, wie wichtig der jeweilige Bereich für die Familie ist, welchen Anspruch der Ausübende daran stellt. Patchwork-Situationen mit hohem Organisationsaufwand können zwar nicht abgebildet werden, doch für eine Annäherung kann dieses Tool hilfreich sein.

Wer seinen eigenen Zeitverbrauch erfassen möchte, kann zudem auf die Vorlage „Mein Zeitplaner" auf der vorherigen Seite zurückgreifen.

→ **TIPP** Der Haushaltskompass ist zu finden unter: **www.stmelf.bayern.de/hhk/vorbereitung**

Wie viel Zeit brauchen die Partner wirklich?

Die Vorwerk Familienstudie 2013 zeigt, dass Selbst- und Fremdbild oft auseinanderklaffen. Es kann also sein, dass der Mann sich selber als ungemein aktiv im Haushalt wahrnimmt. Seine Frau jedoch erlebt das Gegenteil. Oder umgekehrt. Hier ist schwer festzustellen, was der unterschiedlichen Wahrnehmung entspringt oder auf objektiven Tatsachen beruht. Der ideale Nährboden für Konflikte: ein knappes Gut, zwei Konkurrenten, viele Emotionen, kein gemeinsamer Maßstab.

Nähern wir uns dem Minenfeld also vorsichtig: Das Statistische Bundesamt hat untersucht, wie lange Männer und Frauen jeweils im Haushalt beschäftigt sind. Diese Angaben sind allerdings nicht nach Haushaltsgröße unterschieden, beziehen sich nicht nur auf Familien mit zwei Erwachsenen, sondern auch auf Alleinerziehende mit Kindern sowie Paare und Singles. Auch der besondere Organisationsaufwand, den Patchworker betreiben müssen, um alle und alles unter einen Hut zu bekommen, ist hier nicht dargestellt. Die Aussagekraft der Aufstellung ist also beschränkt. Dennoch bietet sie zumindest eine erste Orientierung.

Wenn sich in einer Patchworkfamilie wiederholt Konflikte an diesen Punkten entzünden, bietet es sich an, der Sache auf den Grund zu gehen.

Der durchschnittliche Zeitbedarf
Durchschnittliche Zeitverwendung von Personen je Tag nach ausgewählten Aktivitäten und Geschlecht 2012/2013

BEREICH	MÄNNLICH		WEIBLICH	
	alle Personen ab 10 Jahren	Ausübende	alle Personen ab 10 Jahren	Ausübende
Persönlicher Bereich, Schlaf physiologische Regeneration	10:57	10:57	11:16	11:16
Erwerbstätigkeit	3:19	8:25	2:09	7:11
Qualifikation, Bildung	0:33	5:21	0:32	5:13
Haushaltsführung und Betreuung der Familie	2:24	2:47	3:49	4:02
Ehrenamt, freiwilliges Engagement, Unterstützung anderer Haushalte, Versammlungen	0:14	0:46	0:19	0:47
Soziales Leben und Unterhaltung	1:46	2:24	1:55	2:20
Sport, Hobbys, Spiele	1:08	2:23	0:51	1:52
Mediennutzung	3:15	3:33	2:52	3:07

Quelle: Destatis, Statistisches Jahrbuch 2019

„So wie du Fenster putzt, da würd ich auch nicht fertig werden." – „Du mähst ja gar nicht jede Woche stundenlang den Rasen." ...

Viele Tätigkeiten passieren auch im Stillen, wer will schon minutiös darüber Buch führen, wie lange er fürs Badreinigen braucht. Doch wenn man einmal eine typische Woche lang überschlägt, was man macht und wie lange das dauert, kann das helfen, Diskussionen zu versachlichen.

Wie wird Hausarbeit entlohnt?

Bezahlte und unbezahlte Arbeit ist bei vielen Eltern ungleichmäßig aufgeteilt. Laut OECD-Studie bringen Mütter rund 269 Minuten pro Tag für unbezahlte Hausarbeit und Erziehung auf, Väter hingegen nur 164 Minuten pro Tag. Zudem sei die Teilzeitquote der Mütter hoch, betont die OECD-Sozialexpertin Monika Queisser. Hierzulande tragen die Mütter nur 22,6 Prozent zum Familieneinkommen bei. Wie lassen sich nun Hausarbeit und Erwerbsarbeit vergleichen? Diese Frage stellt sich in vielen Familien. Das Deutsche Institut für Wirtschaftsforschung (DIW) hat errechnet, dass Frauen nur etwa 47 Prozent des Bruttoeinkommens der Männer erzielen.

Die Erwerbssituationen unterscheiden sich zwischen Patchwork- und Kernfamilien nur wenig. Das modernisierte Einverdienermodell (Mann in Vollzeit und Frau in Teilzeit erwerbstätig) wird von mehr als 40 Prozent am häufigsten gelebt, so das BMFSFJ.

→ **Beispiel:** Der Mann arbeitet Vollzeit (3.000 Euro netto), sie Teilzeit (800 Euro netto) und übernimmt den Großteil der Hausarbeit und Kindererziehung.

Somit besteht in den meisten Familien die Situation, dass Vergleiche – und damit Aufteilungen – komplex sind. Unterschiede in Verdiensthöhe, Erwerbsarbeitszeit, Hausarbeitszeit und Erziehungszeit sollten in die interne Rechnung einfließen – nur wie? Wie lassen sich in der Partnerschaft Leistungen vergleichen?

Zudem wirkt sich der geringere Verdienst vieler Frauen später negativ auf die Rentenhöhe aus – wird dies berücksichtigt?

Je nachdem welcher Maßstab angesetzt wird, ergeben sich unterschiedliche Ergebnisse.

- **Maßstab: Entlohnung in vergleichbaren Tätigkeiten**
  Der Mann geht davon aus, dass eine Putzfrau rund zwölf Euro die Stunde verlangt, ein Babysitter knapp zehn Euro aufwärts. Seine Logik: Wenn jemand anderes diese Arbeiten erledigen würde, wäre die Entlohnung entsprechend.

→ Ist es fair, seiner Frau die Stunden auf dieser Basis fiktiv zu vergüten?

- **Maßstab: Teilzeitarbeit der Frau**
  Hier wird als Basis das Gehalt der Frau aus der Teilzeitbeschäftigung genommen. Sie erhält einen Stundenlohn von 16 Euro netto. Seine Logik: Wenn sie nicht auf die Kinder aufpassen würde, könnte sie länger in ihrem Job arbeiten und somit mehr Einkommen erzielen.

→ Sollen also Haushalts- und Erziehungszeiten ebenso vergütet werden wie ihre Erwerbsarbeitszeit?

- **Maßstab: Erwerbsarbeit des Mannes** Der Mann rechnet auf Basis seines eigenen Stundenlohns von 27 Euro netto aus, wie viel seine Frau fiktiv vergütet bekommt. Seine Logik: Die Zeit seiner Frau ist so viel wert wie seine eigene.

→ Bringt Gleichheit Gerechtigkeit? Ist überhaupt so viel Geld vorhanden, dass es in dieser Form aufgeteilt werden kann?

Eine Problemlösung wird noch dadurch erschwert, dass zu dem unpersönlichen Tausch von Zeit und Geld die soziale Beziehung tritt. Man feilscht schließlich nicht auf dem Bazar um ein paar Ohrringe, sondern man lebt zusammen. Die Partner müssen demnach miteinander aushandeln, wer was gibt: Geld, Arbeit, Zeit, etc. Sie müssen gemeinsam überlegen, was jeder zu der Lebensgemeinschaft beitragen kann. Dazu wird verglichen: Einkommen, Ausbildung, Gesundheit, Fertigkeiten etc.

Manche Paare füllen hierzu sogar Verträge aus (z. B. Ehevertrag). Es ließen sich aber auch Alltagsverträge denken – aber muss dies sein? Es ist auch fraglich, ob das private Leben so strukturiert werden sollte wie die berühmte schwäbische Kehrwoche, und ob dies wirklich ein Plus an Lebensqualität bringt.

Wichtiger ist doch, dass beide Partner übereinkommen, gemeinsam eine Lösung zu finden. Diese muss jedoch auch beibehalten – oder gemeinsam abgeändert werden.

BEISPIEL

Zahlmeister

Beide arbeiten gleich viel, kümmern sich um die Kinder und erledigen den Haushalt. Er verdient mehr als sie und hat daher beim Zusammenziehen gesagt, dass er zwei Drittel zum Lebensunterhalt beiträgt. Nach einiger Zeit macht er immer weniger mit den Kindern und auch im Haushalt. Als sie ihn darauf anspricht, sagt er, er würde ja auch mehr zahlen.

Aber hatten beide das vereinbart? Darf er sich zum Ausgleich für ein höheres Haushaltsgeld ansonsten weniger einbringen? Die Frau akzeptiert das nicht. Ihr Argument: ‚Ich bin nach der Arbeit genauso fertig wie du, trotzdem kümmere ich mich, wir teilen Kinderbetreuung und Haushalt.'

Hier hilft nur, miteinander zu sprechen. Gemeinsam Regeln festlegen. Wir leben nicht mehr in Zeiten, in denen ein Partner alleine bestimmt, wo es in der Familie langgeht. Partnerschaft heißt gemeinsam entscheiden.

HINTERGRUND

Rückblende auf den 3. Mai 1957

„Männer und Frauen sind gleichberechtigt"

Das Grundgesetz von 1949 sieht in Artikel 3 vor, dass Männer und Frauen gleichberechtigt sind. Doch die Realität der jungen deutschen Bundesrepublik wurde noch von einem patriarchalischen Ehe- und Familienverständnis bestimmt, das sich auf Regeln aus der Kaiserzeit stützte. So sah das Bürgerliche Gesetzbuch (BGB) von 1896 vor, dass der Mann das Oberhaupt der Familie darstellte, der in allen ehelichen Angelegenheiten in letzter Instanz entschied. „Dem Manne steht die Entscheidung in allen das gemeinschaftliche eheliche Leben betreffenden Angelegenheiten zu; er bestimmt insbesondere Wohnort und Wohnung" – so hieß es im § 1354 BGB.Die Ehefrau war dagegen verpflichtet, den Haushalt zu führen. Nur mit Zustimmung ihres Gatten durfte sie ein Konto eröffnen oder eine Erwerbsarbeit aufnehmen. Hatte sie Vermögen mit in die Ehe gebracht, so gehörte dies automatisch ihrem Gatten.

Schwieriger Übergang: Das neue Grundgesetz und die Regeln des bürgerlichen Rechts widersprachen sich also zunächst. Artikel 117 des Grundgesetzes sollte den rechtlichen Übergang regeln: Bis eine neue Lösung gefunden war, sollte das alte Gesetz in Kraft bleiben. Dem Gesetzgeber wurde Zeit bis zum März 1953 eingeräumt. Daher legte die Regierung unter Bundeskanzler Konrad Adenauer (CDU) 1952 einen ersten Gesetzentwurf vor. Die politischen Diskussionen zogen sich hin. Erst am 3. Mai 1957 stand dann das „Gesetz über die Gleichberechtigung von Mann und Frau auf dem Gebiet des bürgerlichen Rechts" schließlich auf der Tagesordnung des Bundestags.

Umstritten war das Thema Erwerbstätigkeit. Im Plenum einigte man sich auf einen Kompromiss: Eine Frau sollte nun auch gegen den Willen ihres Mannes arbeiten gehen dürfen – solange sie Mann und Kinder nicht vernachlässigte.

Ein großer Schritt im Sinn der Gleichberechtigung war die Regelung zur sogenannten Zugewinngemeinschaft. Was die Partner zusammen in der Ehe erwirtschaftet hatten, wurde nun zu gleichen Teilen unter den Partnern aufgeteilt. Auch das Vermögen, das eine Frau in die Ehe

→

einbrachte, fiel nicht mehr automatisch an ihren Gatten.

Viele Schritte: Das Gesetz trat schließlich am 1. Juli 1958 in Kraft. „Neue Regelungen zum Mutterschutz oder über die Rechte nichtehelicher Kinder folgten wenige Jahre später. Mit dem ersten Gesetz zur Reform des Ehe- und Familienrechts wurde schließlich 1977 eine vorgeschriebene Aufgabenteilung in der Ehe abgeschafft“, so resümiert der Bundestag rückblickend.

1994 wurde Artikel 3 des Grundgesetzes ergänzt: „Der Staat fördert die tatsächliche Durchsetzung der Gleichberechtigung von Frauen und Männern und wirkt auf die Beseitigung bestehender Nachteile hin“. Ebenfalls 1994 trat das zweite Gleichberechtigungsgesetz in Kraft, das unter anderem die Vereinbarkeit von Familie und Beruf fördern sollte.

Vom Verhandeln: gegenseitig Angebote machen

Die partnerschaftlichen Tauschangebote werden oft nicht so ausdrücklich und konkret verhandelt wie etwa ein notarieller Ehevertrag. Die meisten Angebote werden indirekt, nebenher getroffen, „oft stillschweigend“. Doch Geld ist keine Nebensache, das Thema wird auftauchen, früher oder später.

Deutlich Position beziehen

Sind die Partner so weit, dass sie sich an einen Tisch setzen und verhandeln wollen, dann kommt das nächste Problem: Wie vergleicht man die Leistungen?

Einer verdient mehr, der andere weniger. Einer macht hunderte Überstunden, der andere hat einen ungeliebten Job, aber mehr Freizeit. Wer kümmert sich wirklich um die Kinder ...

Bei emotionaler Liebe fällt es vielen Partnern schwer, unterschiedliches Kapital miteinander zu vergleichen. Doch offene Fragen sollten geklärt werden. Welche Voraussetzung setzen die Partner an, um vergleichen zu können?

Sie sollten davon ausgehen, dass jeder sein Bestes gibt. Damit sollte die Bilanz zwischen den Partnern ausgeglichen sein, denn die persönlichen Umstände jedes Partners sind so gewürdigt.

BEISPIEL

„Umzug“

Der durchtrainierte Mann packt beim Umzug tatkräftig mit an, die schwangere Frau hingegen hat den Umzug vorher organisiert.

Wenn nun ein gutverdienender Partner seinem Gegenüber sagt: „Deine Arbeit im Haushalt ist nur zehn Euro wert, so viel verdient eine Reinigungskraft. Meine Leistung ist aber mehr wert.“ Dann könnte dieser Partner sagen: „Meine Leistung ist genauso viel wert wie deine, denn ich wende genauso viel Zeit und Kraft dafür auf wie du.“ Wichtig ist der persönliche Maßstab – und den müssen beide gemeinsam finden. Es geht um das Prinzip der gleichen Interessenabwägung. Demnach bedeutet Gleichheit nicht, alle gleich zu behandeln, sondern alle Interessen gleich zu berücksichtigen.

Konstruktiv verhandeln – wie geht das?

In einer Patchworkfamilie ist viel zu verhandeln und abzustimmen. Beim Thema „bezahlte und unbezahlte Arbeit“ etwa spielen zusätzlich noch weitere Probleme mit hinein, die in der komplexen Struktur einer Patchworkfamilie begründet sind: Erzieht der Stiefelternteil die Kinder des neuen Partners mit und verringert womöglich deswegen die Arbeitszeit? Kommt der eine zum Großteil für den Unterhalt der Kinder des anderen auf – kann aber in der Erziehung kein Wort mitsprechen? Hier ist kluges, wertschätzendes Verhandeln gefragt. Und dieses ist lernbar.

Konflikte sind hierbei nicht automatisch negativ, sagen Roger Fisher und William Ury, die Autoren des Standardwerks „Das Harvard-Konzept“ (Titel der englischsprachigen Originalausgabe: „Getting to yes“): „Wir müssen einen anderen Umgang mit Konflikten finden – vom destruktiven, feindseligen Gegeneinander zur nüchternen, gemeinsamen Problemlösung“. Ihre Methode des sachgerechten Verhandelns ist darauf aus, eine effiziente und gütliche Einigung zu finden.

Was ist Verhandeln? Fisher und Ury definieren es als „eine Grundform, Gewünschtes von anderen Leuten zu bekommen. Es ist wechselseitige Kommunikation mit dem Ziel, eine Übereinkunft zu erreichen, wenn man mit der anderen Seite sowohl gemeinsame als auch gegensätzliche Interessen hat.“

Ein Vorgehen nach dem Harvard-Konzept erlaubt selbst bei komplexen Verhandlungen – und darunter fallen viele Finanzprobleme in Patchworkfamilien –, ein positives Ergebnis zu erreichen. Herzstück der Strategie ist die Trennung von Sach- und Beziehungsebene: „Menschen und Probleme getrennt voneinander behandeln – der entscheidende Schritt der sachgerechten Verhandlungsführung“, lautet ein Kernsatz der Experten.

Übersicht über Verhandlungsstile

WEICH	HART	SACHBEZOGEN
Die Teilnehmer an der Verhandlung betrachten einander als Freunde.	Die Teilnehmer sehen sich als Gegner.	Die Teilnehmer sind Problemlöser.
Ziel ist eine Übereinkunft mit der Gegenseite.	Ziel ist der Sieg über die Gegenseite.	Ziel: vernünftiges, effizient und gütlich erreichtes Ziel
Gütliche Einstellung zu den Menschen und Problemen	Harte Einstellung zu den Menschen und Problemen	Weich zu den Menschen, hart in der Sache
Vertrauen zu den anderen	Misstrauen gegenüber den anderen	Unabhängig von Vertrauen oder Misstrauen vorgehen
Bereitwillige Änderung der Position	Beharren auf der eigenen Position	Konzentration auf Interessen, nicht auf Positionen
Angebote	Drohungen	Interessenserkundungen
Die Verhandlungslinie wird offengelegt.	Die Verhandlungslinie bleibt verdeckt.	Verhandlungslinie vermeiden
Einseitige Zugeständnisse werden um der Übereinstimmung willen in Kauf genommen	Einseitige Gewinne werden als Preis für die Übereinkunft gefordert	Möglichkeiten für gegenseitigen Nutzen suchen
Bestehen auf einer Übereinkunft	Bestehen auf der eigenen Position	Bestehen auf objektiven Kriterien

Auflistung in Anlehnung an Fisher, Roger/Ury, William/Patton, Bruce: Das Harvard-Konzept – Der Klassiker der Verhandlungstechnik. Frankfurt/Main, 2013.

Das „traditionelle Verhandeln“ hingegen besteht im Feilschen um Positionen. „Die Menschen befinden sich in einem Dilemma. Sie kennen meist nur zwei Verhandlungsarten: die harte oder die weiche“, so Fisher und Ury. Wer weich verhandelt, gibt eher nach, um persönliche Konflikte zu vermeiden. Er sucht nach einer friedlichen Lösung und läuft hierbei Gefahr, übervorteilt zu werden. Wer hart verhandelt, will um jeden Preis gewinnen und kämpft entsprechend. Dadurch kann die Beziehung zum Partner in Mitleidenschaft gezogen werden.

Der neue dritte Weg lässt sich als hart und weich bezeichnen: hart in Sachfragen und weich in persönlichen Fragen. „Dabei muss man so weit wie möglich auf gegenseitigen Nutzen hinarbeiten und dort, wo Interessen einander widersprechen, darauf bestehen, dass das Ergebnis auf Prinzipien beruht, die fair und vom beiderseitigen Willen unabhängig sind“, betonen die Autoren.

Das sachbezogene Verhandeln basiert im Wesentlichen auf vier Punkten:

→ **Mensch und Problem getrennt behandeln:** Jeder Mensch hat Gefühle und Bedürfnisse. In der Regel werden Gefühle mit der objektiven Sachlage des Problems versponnen. Wenn sich die Partner dann noch auf ihre Positionen versteifen, erschwert dies zusätzlich die Gespräche.

→ **Orientierung auf Interessen statt auf Positionen:** Oft verdecken Verhandlungspositionen das, was die Parteien tatsächlich wollen. Der Konflikt wirkt festgefahren. Jeder Mensch hat vielfältige Interessen, die auf seinen Bedürfnissen beruhen. Werden die Interessen beim Verhandeln thematisiert und gelingt es den Parteien wechselseitig, die Interessen der anderen Seite wahrzunehmen und anzuerkennen, so ist das für den weiteren Verhandlungsverlauf günstig.

→ **Optionen zum beiderseitigen Vorteil entwickeln:** Selbst wenn beim Verhandeln die Vorstellungen beider Parteien deutlich auseinander liegen, gibt es oft dennoch Überschneidungen. Durch Optionen lässt sich der Verhandlungsspielraum erweitern. Es ist hilfreich, über die ganze Palette möglicher Lösungen nachzudenken, die alle gemeinsamen Interessen berücksichtigt.Als eine gängige Methode zur Entwicklung von Optionen gilt das Brainstorming. Hierbei wird jede Idee ohne sofortige Bewertung und Analyse aufgenommen. Kreative Prozesse ermöglichen so ein Ergebnis, das vor Beginn der Verhandlung nicht denkbar war.

→ **Neutrale Kriterien heranziehen:** Damit sich eine Verhandlung nicht festfährt, ist es oft hilfreich, neutrale Kriterien für eine

Beurteilung heranzuziehen. Denn das Ergebnis sollte objektiv nachvollziehbar sein. Beispiel: Der Sohn besteht auf einem höheren Taschengeld („Taschengeld“, → Seite 80). Doch was ist neutral und objektiv? Was die eine Seite für neutral hält, muss die andere noch lange nicht als verbindlich ansehen. Diesem Problem der Verbindlichkeit lässt sich begegnen, wenn mögliche Kriterien, die Beurteilung und ihr Einsatz von den Verhandelnden besprochen werden. Hierbei ist aktives Zuhören hilfreich („Konflikte ohne Streit“, → Seite 30).

→ TIPP Plan B als Alternative

Jede Verhandlungsmethode hat Grenzen, beispielsweise wenn die andere Seite die Übermacht hat. Selbst wenn die vier Prinzipien bedacht wurden, kann eine Verhandlung in die Schieflage geraten, ein optimales Verhandlungsergebnis bei gleichzeitig guter Beziehung zum Partner („Plan A“) erscheint nicht möglich.

In solchen Fällen lässt sich die eigene Verhandlungsposition oft durch die beste Alternative verbessern. Dieser „Plan B“, der Fragen nach Handlungsmöglichkeiten im Fall des Scheiterns der Verhandlung umfasst, soll vor der Annahme allzu schlechter Konditionen bewahren.

Es ist auch möglich, dass der Plan B zu einer Verhandlung extrem ungünstig ist oder nicht existiert. Auch das sollten sich die Verhandelnden bewusst machen, um realistisch auszuloten, welche Verhandlungsangebote für sie noch akzeptabel sind.

Gemeinsam gut haushalten

Spätestens wenn aus zwei Haushalten ein gemeinsamer wird, sollte Offenheit über die Finanzen bestehen. Dann ist zu entscheiden, ob ein gemeinsames Konto oder unterschiedliche Konten sinnvoll sind. Werden Haushaltseinkäufe aus einer gemeinsamen Haushaltskasse bezahlt? Zahlt derjenige, der besser verdient, mehr für die Miete? Auch Regelungen für Anschaffungen, Ausgaben für die Kinder oder fürs Sparen gehören dazu. Damit man über die gemeinsamen monatlichen Ausgaben im Bild ist, können Patchworker ein Haushaltsbuch führen. In diesem Kapitel erfahren Sie, worauf Sie hierbei achten sollten.

Damit es erst gar nicht hoch hergeht, sollten Paare von Anfang an Geldangelegenheiten nicht zur Geheimsache erklären. Ob die Wahl auf getrennte Konten, gemeinsame Budgetplanung oder generelle Aufteilung sämtlicher Kosten fällt – Hauptsache, es gibt Regeln, an die sich beide halten.

Zweimal „Ich“ oder einmal „Wir“

Bevor Partner nun ihre Finanzplanung durchgehen, sollten sie sich darüber klarwerden, welchen Grad des Zusammenwirtschaftens sie eigentlich wollen. Sind sie eher indivi-

dualistisch geprägt oder denken sie zuerst an das „Wir"? Für Letztere eignen sich ein gemeinsames Konto, gemeinsamer Besitz, ein gemeinsames Haushaltsbuch. Andere Paare verstehen sich eher als „doppeltes Ich". Ihnen ist auch finanziell eine gewisse Unabhängigkeit wichtig: Die Partner haben jeweils ein eigenes Konto. Manche führen sogar Buch darüber, wer was im gemeinsamen Haushalt wann zu welchem Preis gekauft hat.

Daher gibt es keinen Königsweg. Aber es gibt verschiedene Modelle, aus denen sich Patchworker das für sie Passende auswählen können.

Wie werden also die gemeinsamen Kosten fürs Wohnen, für Energie, Telekommunikation, Einkäufe aufgeteilt – diese Fragen stellen sich in den meisten Paarbeziehungen. Bei Patchworkfamilien kommt folgendes Problem hinzu: Was zählt eigentlich alles zu „gemeinsamen Kosten"? Wie werden die Kosten für die mit in die Beziehung gebrachten Kinder aufgeteilt? Wie stehen diesen Kosten eventuelle Einnahmen gegenüber? Decken diese die Kosten? Hat der Partner womöglich selbst Unterhaltsverpflichtungen? Diese Fragen werden im Schritt „Haushaltsbuch" (→ Seite 69) näher beleuchtet. Zunächst wird eine grundlegende Frage behandelt: Wie viele Konten sollen es sein?

Konten in der Partnerschaft

Nur rund jeder zweite Deutsche befürwortet laut Vorwerk Familienstudie ein gemeinsames Konto in einer Partnerschaft. Vor allem Paare ohne Trauschein stehen der Idee eines gemeinsamen Kontos eher skeptisch gegenüber.

Mit rund 79 Prozent hat die deutliche Mehrheit der unverheiratet zusammenlebenden Paare separate Konten.

Ein anderes Bild bieten verheiratet Zusammenlebende. Hier haben rund 56 Prozent ausschließlich ein gemeinsames Konto, weitere 16 Prozent führen ein gemeinsames und zusätzlich separate Konten der Partner. (Mehr Infos finden Sie unter „Welches Konto passt", → Seite 61.)

Gemeinsames Konto?

Nur rund die Hälfte der Bevölkerung hält ein gemeinsames Konto in einer Partnerschaft für eine gute Idee.

Wie finden Sie die Idee eines gemeinsamen Kontos?

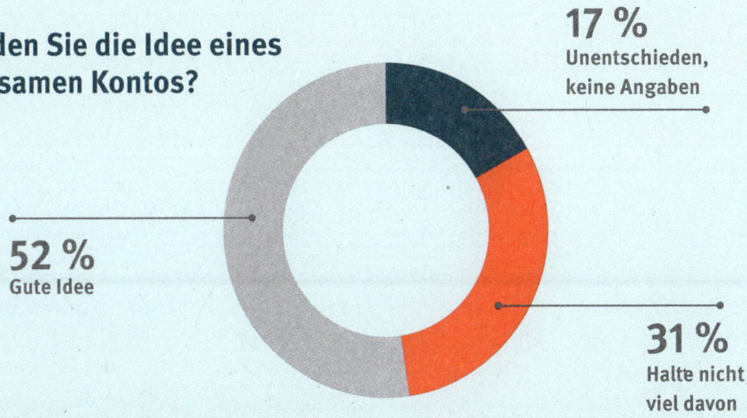

Haben Sie ein gemeinsames Konto?

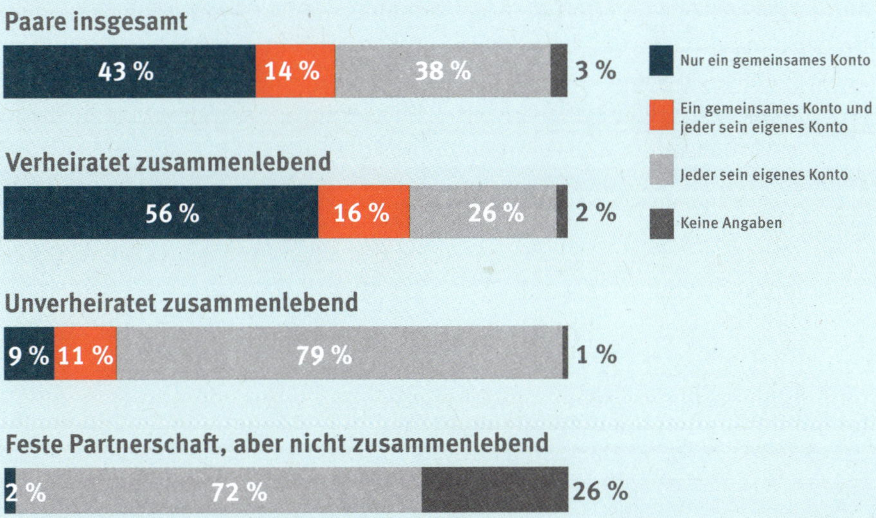

Vorwerk Familienstudie 2013, Basis: Bundesrepublik Deutschland; Bevölkerung ab 16 Jahre, Quelle: Allensbacher Archiv, IfD-Umfrage 11012.

Die Kontenmodelle

Die Einkontolösung

„Wir sind doch eine Familie, da wirtschaften wir auch zusammen". Die Partner führen ein gemeinsames Konto, auf das alle Einnahmen eingezahlt und aus dem auch alle Ausgaben bestritten werden.

Folgende Alternativen sind denkbar:

- → Ein Partner verfügt über das Konto, der andere muss sich das Geld (Haushaltsgeld/Taschengeld) von ihm geben lassen. Das schafft ein Machtgefälle und wirkt aus der Zeit gefallen. Es erinnert an Biedermeier-Situationen: Mit einem Haushaltsvorstand, der selbst über das Erbe seiner Angetrauten allein verfügen kann. Bei einem Einzelkonto kann jedoch auch eine Kontovollmacht für den Partner eingerichtet werden.
- → Beide Partner sind Kontoinhaber, jeder nimmt sich, was er zu brauchen glaubt. Wenn ein Paar diese Alternative wählt, sollte es sich zusätzlich Regeln notieren: Gibt es eine Obergrenze für den eigenen Konsum? Legt das Paar eine Grenze bei 400 Euro pro Monat fest, so sollte beispielsweise ein Laptopkauf vorher besprochen werden.

Konfliktpunkte: Die Einkontolösung birgt die Gefahr, die Ausgaben des Partners kontrollieren zu wollen. Dies kann schnell in Gängelung ausarten oder zumindest so verstanden werden – was schon ausreicht, um die Stimmung einzutrüben.

Das Paar muss sich auf ein „Wir" einigen. Doch es gibt oft kein einvernehmliches Wir. Der eine Partner versteht darunter womöglich etwas anderes als der zweite. Weitere Frage: Was ist mit dem „Nicht-Wir", also dem Individuellen: Wie viel ist dafür vorgesehen?

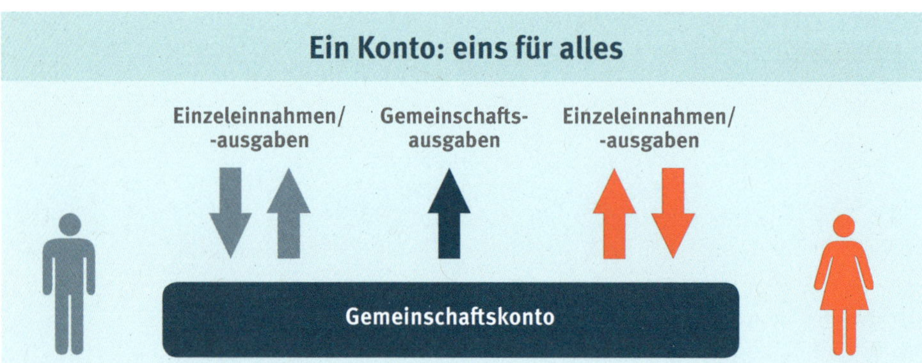

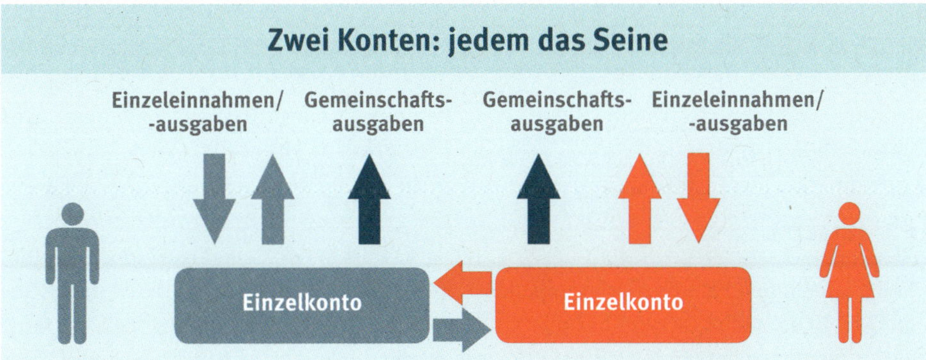

Weiteres Problem: Was passiert mit dem Konto, wenn die Beziehung scheitert? Teilen sich die Partner ein Konto, so kann es bei Beziehungsende vorkommen, dass einer der beiden das Konto leerräumt. Doch wer dies macht, schuldet dem anderen in der Regel die Hälfte.

Die Zweikontenlösung

Jeder bekommt seinen Verdienst auf sein Konto, die Wir-Ausgaben werden einvernehmlich ausgeglichen. Dies kann nach Gefühl passieren, also „Pi mal Daumen“: Heute bezahlt der Partner den Restaurantbesuch, das nächste Mal ist der andere dran. Auch eine Buchführung mit späterem Ausgleich ist möglich. Manche Paare haben ein sogenanntes Haushaltsglas, in das sie regelmäßig Geld legen, aus dem dann gemeinsame Freizeitaktivitäten bezahlt werden.

Bei der Zweikontenlösung müssen sich die Partner nicht miteinander im Hinblick auf ihr privates Geld auseinandersetzen.

Dennoch gibt es Konfliktpunkte: Entsprechen sich die Ausgaben wirklich? Ist diese Methode für so ein komplexes Gebilde wie eine Patchworkfamilie überhaupt geeignet?

Und: Hat einer deutlich mehr zur Verfügung als der andere – an welchen Standard soll man sich anpassen? Oder soll man Anteile/Quoten festlegen, etwa: Der eine zahlt ein Drittel, der andere zwei?

Die Dreikontenlösung

Beide Partner behalten jeweils ein eigenes Konto, auf das die üblichen Einnahmen fließen. Die gemeinsamen Ausgaben werden von dem dritten Konto bezahlt, das als Haushaltskonto dient. Jeder Partner erhält hierfür eine Girokarte, um auch abheben zu können.

Wie viel jeder einzahlt, kann verhandelt werden – jeder die Hälfte oder individuelle Anteile. Diese können sich an der relativen Einkommenshöhe bemessen.

> **BEISPIEL**
>
> Seine Einnahmen belaufen sich monatlich auf 1.800 Euro netto, ihre auf 1.200 Euro netto. Zusammen haben sie 3.000 Euro netto. Sein Anteil an der Gesamtsumme beträgt 60 Prozent, ihrer liegt bei 40 Prozent. Die gemeinsamen Ausgaben liegen bei 2.000 Euro. Davon trägt er demnach 60 Prozent, das entspricht 1.200 Euro. Sie überweist 800 Euro monatlich auf das Gemeinschaftskonto.

Diese Dreikontenlösung kann sich anbieten, wenn einer für sich selbst eher viel Geld ausgibt (hoher Lebensstandard oder verschwenderische Ausgaben, ...), der andere eher wenig hat oder sparsamer ist. Unvereinbare Geldtypen finden hier eine Möglichkeit, dennoch gemeinsam gut zu wirtschaften, indem sie nur einen Teil des Geldes „sozialisieren" und einen anderen „privatisieren".

Konfliktpunkte: Was sind gemeinsame, was individuelle Ausgaben (meins, deins, unser)? Wie viel wird jeweils auf das Konto eingezahlt – etwa, wenn die Partner unterschiedliche Einnahmen haben?

Alternative Dreikontenlösung

Die Einnahmen beider Partner fließen zunächst auf das Gemeinschaftskonto. Davon werden alle Ausgaben, die die Gemeinschaft betreffen, bezahlt: Wohnkosten, Lebensmittel, Auto, Urlaube, Ausgaben für die Kinder.

Was zum Monatsende übrig bleibt, wird auf die Einzelkonten überwiesen – zur freien Verwendung.

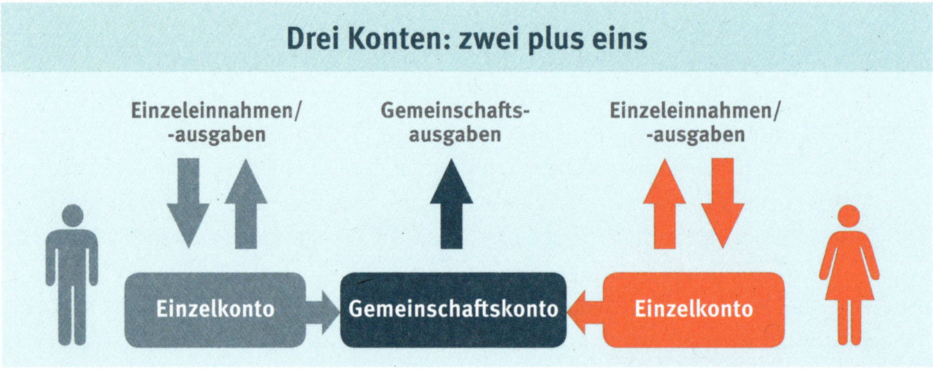

In welchem Verhältnis dies geschieht, kann ausgehandelt werden. Eine hälftige Aufteilung bietet sich an, wenn die Partner ungefähr gleich viel verdienen.

Ist jedoch das Gefälle bei den Einnahmen zu hoch, entsteht hier ein Ungleichgewicht. Auch wenn die Anzahl der mit in die Beziehung gebrachten Kinder sich stark unterscheidet, der neue Partner also für viele weitere Personen mit aufkommt, sollte dies im Vorfeld ausgiebig besprochen und eine gemeinsame Lösung gefunden werden.

Die erstgenannte Dreikontenlösung ist in der Regel praktikabler. Denn hier kann auf dem Gemeinschaftskonto dann auch Geld für geplante Ausgaben angespart werden, die nicht mit einem Monatssalär bezahlt werden können (Urlaub, Auto, ...).

→ TIPP

Denken Sie daran – 50 zu 50 ist nicht die einzige Definition von „fair“. Suchen Sie eine Aufteilung, die zu Ihnen beiden passt. Und überprüfen Sie diese regelmäßig, am besten ein- bis zweimal im Jahr, oder wenn sich die Einnahmen radikal ändern, etwa bei Jobverlust, Gehaltssprüngen, Teilzeit usw.

Welches Konto passt?

Als Gemeinschaftskonto wird ein Bankkonto bezeichnet, über das mindestens zwei gleichberechtigte Kontoinhaber verfügen dürfen. Sie werden als „Und-Konto“ sowie als „Oder-Konto“ angeboten:

→ **Und-Konto:** Beim Und-Konto lassen sich finanzielle Entscheidungen nur treffen, wenn alle Kontoinhaber einverstanden

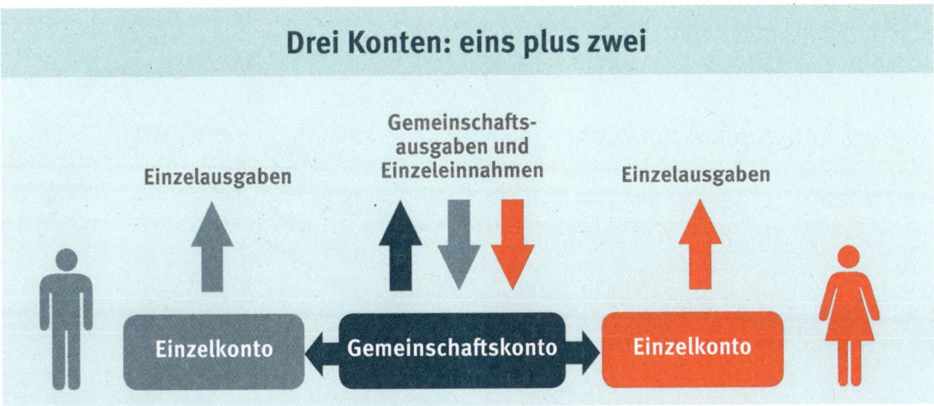

sind. Alle Verfügungsberechtigten sind ständig über sämtliche Kontoaktivitäten informiert. Auch hier lässt sich gegebenenfalls durch Kontovollmachten etwas mehr Flexibilität erzeugen, dies ist im Gespräch mit dem Kreditinstitut zu klären.

- Vorteil: Das Und-Konto ist sehr sicher, da nicht gegen den Willen eines Kontoinhabers Geld abgezogen werden kann.
- Nachteil: Es ist umständlich. Diese Form des Girokontos richtet sich vor allem an Zweckgemeinschaften, die nicht unbedingt in einem Vertrauensverhältnis zueinander stehen – beispielsweise Erbengemeinschaften.

→ **Oder-Konto:** Beim Oder-Konto können alle Kontoinhaber unabhängig voneinander handeln. Überweisungen, Daueraufträge, Rückbuchungen, Aufnahme eines Kredits oder andere Transaktionen können also alleine – ohne Zustimmung des oder der anderen Verfügungsberechtigten – vorgenommen werden.

- Vorteil: Die Kontoinhaber können flexibel und ohne großen zeitlichen Aufwand handeln. Dies erleichtert beispielsweise die gemeinsame Haushaltsführung. Daher richten sich Oder-Konten in erster Linie an Paare oder andere Lebensgemeinschaften, die regelmäßig gemeinsame Ausgaben stemmen.
- Nachteil: Die Kontoinhaber haften gesamtschuldnerisch. Für die Schulden des einen müssen alle Kontoinhaber aufkommen.

Das Gemeinschaftskonto für Privatpersonen wird für Paare, die im selben Haushalt leben, meistens als Oder-Konto angeboten. Es kommt nur infrage, wenn die Kontoinhaber sich wirklich vertrauen und zumindest grundsätzlich über die Finanzen des oder der anderen informiert sind. Denn falls sich ein

> **ACHTUNG**
>
> **Thema Pfändung**
>
> Das Guthabenkonto schützt vor Überziehung, jedoch nicht vor Pfändung! Liegt der Verschuldung eine Ursache zugrunde, die nichts mit dem gemeinsamen Konto zu tun hat, so trägt das Gemeinschaftskonto trotzdem das Risiko der Pfändung durch Gläubiger des Partners.

Verfügungsberechtigter überschuldet, darf das gesamte Guthaben gepfändet werden. Daher kann es sinnvoll sein, das Oder-Konto nur auf Guthabenbasis zu führen, da es dann nicht überzogen werden kann, sich also keiner der Kontoinhaber – bewusst oder unbewusst – verschuldet. Aufträge werden nur ausgeführt, wenn das Konto gedeckt ist. Hier müssen die Kontoinhaber den Kontostand allerdings stets gut im Blick haben, da sonst eventuell wichtige Zahlungen – Miete etc. – nicht abgebucht werden können. Sollten Lastschriften nicht ausgeführt werden können, entstehen für die Kontoinhaber zusätzliche Kosten, Inkassomaßnahmen sind möglich.

Das Innenverhältnis, also das Rechtsverhältnis der Kontoinhaber untereinander, ist bei einem Oder-Konto im Bürgerlichen Gesetzbuch geregelt (§ 430 BGB). Danach sind die Kontoinhaber am Kontostand eines Gemeinschaftskontos gleich beteiligt. Das Guthaben ist also bei einem Scheitern der Ehe hälftig zu teilen. Entnimmt ein Ehegatte nach der endgültigen Trennung jedoch mehr als die Hälfte, besteht ein Ausgleichsanspruch des anderen Ehegatten. Der Grundsatz der Halbteilung wird nur dann nicht angenommen, wenn alle Beteiligten sich auf ein anderes Vorgehen geeinigt haben.

Eine Alternative zum Gemeinschaftskonto kann auch eine Kontovollmacht für ein Einzelkonto sein. Hier sind dann nicht beide Seiten gleichberechtigt, denn der Bevollmächtigte darf nur im Sinne des Kontoinhabers handeln. Das Guthaben gehört also weiterhin dem Inhaber des Kontos, dieser ist auch haftbar. Der Bevollmächtigte soll als Verfügungsberechtigter nur gewisse Bankgeschäfte regeln können. Der Kontoinhaber kann die Vollmacht jederzeit widerrufen.

> **ACHTUNG**
>
> **Vorsicht, Schenkungsteuer!**
>
> Nicht verheiratete Patchworker müssen aufpassen: Zahlt nur einer der beiden hauptsächlich auf das Gemeinschaftskonto ein, kann schnell Schenkungsteuer anfallen. Der Freibetrag liegt bei Unverheirateten nur bei 20.000 Euro innerhalb von zehn Jahren, bei Verheirateten hingegen bei 500.000 Euro.

Mit dem Einkommen auskommen

Hier soll eine Lanze fürs Haushalten gebrochen werden – getreu dem schwäbischen Motto „eine Mark gespart ist eine Mark verdient" (gilt unverändert in Euro-Zeiten).

Haushalten ist für Patchworker besonders herausfordernd. Wie sind die unterschiedlichen Familienmitglieder zu erfassen? Einnahmen und Ausgaben sind komplex. Da fällt es schwer, einen Überblick zu bekommen.

Warum ist gutes Haushalten so wichtig?

Der Umgang mit Geld gehört zu den wichtigsten Fähigkeiten im Lebensalltag. Diese Einschätzung teilen 85 Prozent der Deutschen, die das Institut für Demoskopie Allensbach 2018 befragt hat. Damit liegt diese Fähigkeit auf Platz 1, erst mit Abstand folgen die Basiskompetenzen Rechnen, Lesen und der Umgang mit dem Computer.

Der britische Schriftsteller Charles Dickens schrieb über das Haushalten: „Jährliches Einkommen 20 Pfund, jährliche Ausgaben 19,96 Pfund, Ergebnis Glück. Jährliches Einkommen 20 Pfund, jährliche Ausgaben 20,06 Pfund, Ergebnis Elend."

Dickens erlebte in seiner Kindheit Anfang des 19. Jahrhunderts selbst, was Überschuldung bedeutet. Sein Vater saß sogar im Londoner Schuldgefängnis ein.

> **GUT ZU WISSEN**
>
> Dieses Kapitel gibt in Fragen der Kontenplanung eine erste Orientierung und Hilfestellung. Bei nachträglich auftretenden bzw. schon bestehenden Problemen kann eine fachkompetente (anwaltliche) Beratung erforderlich sein.

In der Überschuldungsstatistik des Statistischen Bundesamtes 2019 gilt unwirtschaftliche Haushaltsführung als ein Auslöser für Überschuldung. Um erst gar nicht in eine finanzielle Schieflage zu kommen, empfehlen sich Tipps zur sparsamen Geldverwendung im Haushalt.

Was ist „unwirtschaftliche Haushaltsführung"?

→ „Unter unwirtschaftlicher Haushaltsführung versteht man einen wiederholt übermäßigen, überflüssigen Konsum, der über die eigenen wirtschaftlichen Verhältnisse hinausgeht. Eine unwirtschaftliche Haushaltsführung kann zudem durch das Abschließen unnötiger Verträge, Versicherungen usw. entstehen. Das Nichterkennen bzw. das Nichtbedenken von zu erbringenden Leistungen (Begleichen von Rechnungen zu bestimmten Fristen u. a.) spielt hierbei eine wichtige Rolle. So werden z. B. für jährlich zu zahlende Rechnungen keine Rücklagen gebildet. Die Ausgaben stehen in einem Ungleichgewicht zu den Einnahmen. Der Auslöser der finanziellen Probleme liegt somit auf der Ausgabenseite der beratenen Person" – Angaben des Statistischen Bundesamts (2017).

Schulden – gängig oder gefährlich? Sich zu verschulden oder einen Kredit aufzunehmen ist heutzutage fast alltäglich, manchmal gar notwendig. Schulden entstehen durch offene Zahlungsverpflichtungen für Güter und Dienstleistungen, die nicht sofort beglichen werden müssen, etwa beim Ratenkauf. Solange die Zahlungsverpflichtungen aus dem verfügbaren Einkommen zurückgezahlt werden können, ist eine Verschuldung nicht problematisch. Schwierig wird es, wenn die monatliche Belastung so groß wird, dass für die alltägliche Lebenshaltung nicht mehr genügend Geld übrig bleibt. Das kann leicht vorkommen, wenn beispielsweise das Einkommen durch Krankheit oder Arbeitslosigkeit wegfällt.

Oft werden die Begriffe „Verschuldung" und „Überschuldung" gleichgesetzt. Eine Überschuldung geht aber über eine Verschuldung hinaus. „Ein Privathaushalt ist dann überschuldet, wenn Einkommen und Vermögen aller Haushaltsmitglieder über einen längeren Zeitraum trotz Reduzierung des Lebensstandards nicht ausreichen, um fällige Forderungen zu begleichen" (Bundesministerium für Arbeit und Soziales, 2008). Überschuldung stellt also eine finanzielle Notlage, eine ernsthafte Krise dar. Der Lebensunterhalt kann nicht gedeckt werden.

Elf Tipps zur sparsamen Haushaltsgeldverwaltung

Im Patchworkhaushalt kann es schnell passieren, dass die Haushaltskasse leer ist oder der Kontostand in den roten Bereich rutscht. Damit dies nicht zum Dauerzustand wird, gibt es hier die besten Tipps zum Haushalten mit geringem Budget.

→ **TIPP 1: Führen Sie ein Haushaltsbuch.**
Nur wenn Sie einen Überblick über Einnahmen und Ausgaben haben, können Sie ermitteln, was sich die Familie leisten kann und was nicht. Ein Haushaltsbuch lässt sich online oder in Papierform führen. Lassen Sie sich beim Einkauf stets einen Kassenbon geben und sammeln Sie diese an einem bestimmten Ort. Mehr Informationen finden Sie unter „Das Haushaltsbuch" auf → Seite 69.

→ **TIPP 2: Bringen Sie Ordnung in Ihre Dokumente.**
Sie haben bereits Ihre wichtigen Papiere sortiert und abgeheftet? Sehr gut. Falls Sie jedoch alles irgendwo in Schubladen oder Schuhkartons horten, dann sollten Sie Ordnung in die Unterlagen bringen. Lose Dokumente lassen sich nach Themen sortieren wie Gehalt, Rechnungen, Versicherungen. So bekommen Sie einen ersten Überblick. Bewahren Sie Rechnungen von größeren Anschaffungen mindestens zwei Jahre auf.

→ **TIPP 3: Überprüfen Sie Ihre Versicherungen.**
Zunächst einmal sollten Sie und Ihr Partner den Versicherungsschutz überprüfen. Sind womöglich Policen doppelt? Ist die Familie abgesichert? Ist die begünstigte Person korrekt eingetragen – oder ist es eventuell noch der Ex-Partner („Versicherungen", → Seite 107)? Wie ist Ihr Zahlungsturnus? Stellen Sie die Beitragszahlungen auf „jährlich" um, falls noch nicht geschehen. So können Sie Kosten sparen. Wenn Sie Teilbeträge zurücklegen, können Sie überraschende Engpässe im Budget vermeiden.

→ **TIPP 4: Durchforsten Sie Ihre Abos.**
Falls Sie einen Fitnessstudio-Vertrag haben, den Sie kaum nutzen, oder einen überdimensionierten, teuren Handyvertrag: Stellen Sie alle Verträge auf den Prüfstand, trennen Sie sich von Überflüssigem bzw. passen Sie die Verträge Ihrem wirklichen Bedarf so weit wie möglich an. Sparverträge und Versicherungen hingegen sollten Sie nicht voreilig kündigen, auch wenn es eng wird. Besser ist es oft, diese für einige Zeit beitragsfrei ruhen zu lassen. Sprechen Sie dazu die Versicherung bzw. das Kreditinstitut an.

→ TIPP 5: Legen Sie einen Notgroschen auf die Seite.
Legen Sie monatlich einen festen Betrag für ungeplante, aber wichtige Ausgaben zurück – falls etwa die Waschmaschine kaputt geht. Ist der Notgroschen aufgebraucht, füllen Sie diesen Betrag wieder auf.
Merke: Wie hoch sollte der Notgroschen sein?
Faustregel: Mindestens drei Monats-Nettoeinkommen sollten Sie als Rücklage bilden. Da bei Familien häufiger ungeplante Ausgaben anfallen, ist es sinnvoll, für jedes Kind zusätzlich 500 Euro auf die Seite zu legen. Wer im Eigenheim wohnt, sollte darüber hinaus für Reparaturen vorsorgen.

→ TIPP 6: Beachten Sie die 40/60-Regel.
Wohnkosten oder Kreditraten sollten nicht mehr als 40 Prozent der Gesamtausgaben betragen. Doch da in vielen Großstädten die Mietkosten stark gestiegen sind, liegen manche Familien bereits über dieser Soll-Marke. Dennoch: Wenn nicht alles fest verplant ist, sichern Sie sich eine gewisse Flexibilität im monatlichen Budget. Ist zu viel Geld fest gebunden, kommen Sie bei unvorhergesehenen Ausgaben sonst schnell ins Schleudern (→ **TIPP 5**). 60 Prozent sollten Ihnen und Ihrer Familie für Ihre alltäglichen, veränderlichen Ausgaben sowie fürs Sparen und Investieren bleiben.

→ TIPP 7: Vergleichen Sie Ihre Ausgaben mit anderen.
Wie viel geben Sie monatlich fürs Essengehen aus, wie viel für Hobbys, Kleidung oder Lebensmittel? Leisten Sie sich hier mehr im Verhältnis zu anderen Familien gleichen Typs? Auch bei Patchworkfamilien kann dieser Vergleich gelingen, wenn sie sich erst einmal nur als Haushaltstypus verstehen: eine gewisse Anzahl Menschen, bestimmte Altersgruppierungen. Ein Blick auf Referenzbudgets kann ebenfalls hilfreich sein, auch wenn Patchworkfamilien hier sicherlich oft Zusatzausgaben – wie Unterhalt oder Kinder, die nur alle zwei Wochen ein Wochenende vor Ort leben – stemmen müssen, die nicht Teil solcher Budget-Raster sind („Sparen und Referenzbudgets“, → Seite 76).

→ TIPP 8: Vorsicht bei Krediten.
Nutzen Sie nur im Notfall einen Kredit. Brauchen Sie wirklich einen Kredit, so vergleichen Sie die Angebote der Banken genau, schauen Sie dabei auf den effektiven Jahreszins. Überprüfen Sie versteckte kostenpflichtige Zusatzleistungen und verzichten Sie auf eine Restschuldversicherung. Sie ist teuer und meistens unnötig. Wenden Sie sich nicht an unseriöse Kreditvermittler. Diese Unternehmen vergeben selbst keine Kredite. Durch unterschiedlichste Methoden ist der vermeintliche

→

→

Kreditnehmer am Ende meist nur noch mehr Geld los, aber um keinen (seriösen) Kredit reicher. Auch Kredite von Privatpersonen sind mit Vorsicht zu behandeln. Die rasche Tilgung von Krediten gilt in der Regel als empfehlenswert. Denn so lassen sich hohe Kreditzinsen einsparen.

→ TIPP 9: Zahlen Sie möglichst in bar.
Bar oder Karte? Wir neigen dazu, mehr Geld auszugeben, wenn wir mit Karte bezahlen. Die Summe, die ausgegeben wird, ist weniger greifbar. Muss man jedoch mehrere 50-Euro-Scheine aus seinem Portemonnaie ziehen, erscheint die Ausgabe realer.

→ TIPP 10: Überdenken Sie größere Anschaffungen.
Gönnen Sie sich Bedenkzeit. Brauchen Sie das Objekt wirklich? Man muss nicht jeden Produktzyklus – beispielsweise beim Smartphone – mitmachen. Fragen Sie sich bei größeren Anschaffungen, wie lange Sie dafür arbeiten müssten. Planen Sie langfristig und legen Sie Geld zurück, anstatt einen Kredit aufzunehmen. Falls Sie Kinder im Teenageralter haben – besprechen Sie größere Anschaffungen auch mit ihnen. So bekommen diese ein Gefühl dafür, dass Geld nicht automatisch immer vorhanden ist und beliebig ausgegeben werden kann.

→ TIPP 11: Kaufen Sie auch mal Gebrauchtes.
Es muss nicht immer das Neueste vom Neuesten sein. Kinderflohmärkte, Secondhandgeschäfte, Tauschbörsen sind oft nachhaltige Alternativen. Kleidung, Spielsachen, Sportartikel bekommen so ein längeres Leben. Und wenn mal was kaputt geht: Vielleicht lässt es sich in einem Repair-Café wieder instand setzen.

Falls Sie bereits in die roten Zahlen gerutscht sind und allein nicht wieder herauskommen – suchen Sie sich Unterstützung. In den Verbraucherzentralen und in Schuldnerberatungsstellen sitzen Experten, die täglich Menschen helfen, die mit ihrem Konto ins Minus geraten sind. Entsprechende Internetadressen finden Sie am Ende dieses Buches. Auch Ihre Stadt- bzw. Gemeindeverwaltung hat Adressen von Schuldnerberatungsstellen in Ihrer Nähe.

Das Haushaltsbuch

Kontrolle ist das A und O, um die Finanzen im grünen Bereich zu halten. Wer seine Ausgaben genau kennt, kann leicht ermitteln, wo er kürzertreten müsste. Wichtig ist hierbei eine große Portion Realismus und Ehrlichkeit zu sich selbst. Ist es beispielsweise nur eine Wunschvorstellung, das Auto sofort abzuschaffen und alles mit dem Fahrrad zu erledigen? Oder ist es nicht viel realistischer, das Auto einfach bewusster zu nutzen. Oft ist es sinnvoll, Gewohnheiten sukzessive zu wandeln, dann sind die Änderungen nachhaltiger. Wichtig ist hierbei, die eigenen Ziele – auch die finanziellen – im Blick zu haben.

Wie funktioniert das Haushaltsbuch?

Es ist ein einfaches, aber effektives Werkzeug, um die Finanzen im Griff zu haben. Für Einzelpersonen oder Paare ist es genauso nützlich wie für große Patchworkfamilien. Mit dem Haushaltsbuch lässt sich dokumentieren, woher das Geld kommt und wofür es ausgegeben wird. Wie in einer Firmenbilanz gibt es eine Einnahmen- und eine Ausgabenseite. Wenn der Haushalt in Schieflage gerät, lässt sich das schnell erkennen und gegensteuern.

→ **TIPP Warum bis zum Monatsersten warten?**
Mit dem Haushaltsbuch können Sie jederzeit starten. Also: nicht auf die lange Bank schieben – einfach anfangen!

CHECKLISTE

Kurzfassung: in vier Schritten zum eigenen Budget

1. Notieren Sie alle monatlichen Einnahmen Ihres Haushalts.
2. Schreiben Sie alle festen Ausgaben im Haushaltsbuch auf, also alle Ausgaben, die regelmäßig anfallen, wie z. B. Wohn- und Energiekosten, Rundfunkgebühren, Monatskarte für den öffentlichen Nahverkehr, ...
3. Einnahmen minus feste Ausgaben ergeben das Budget für die täglichen Ausgaben der Familie, das „Geld zum Leben". Diesen Betrag können Sie mit Hilfe des Haushaltsbuchs aktiv steuern.
4. Ziehen Sie Bilanz und bewerten Sie den Monatsabschluss. Reicht das Geld? Sind Rücklagen möglich? Gut. Reicht es nicht, muss geprüft werden, wo Ausgaben besser oder anders verteilt werden können oder wo tatsächlich gespart werden muss.

Wie Patchworker vorgehen können

Ein Haushaltsbuch hilft, Ausgaben zu kontrollieren und Geld zu sparen. Es lässt sich zusammen mit dem Partner erstellen, sozusagen als Gemeinschaftsaufgabe. Denkbar ist auch, dass einer sich kümmert und der andere seine Informationen zuliefert. Beides ist möglich.

Zu Beginn sind einmal die Einnahmen und festen Ausgaben zu erfassen. Das klingt nach viel Arbeit. Doch wer das partnerschaftliche Geldgespräch (→ Seite 32) geführt hat, hat diese Informationen ohnehin schon gesammelt. Wer das Gespräch ausgelassen hat oder es mit dem Haushaltsbuch verbinden will, braucht von sich und dem Partner Angaben zu Einnahmen und festen Ausgaben.

Beim Aufstellen der festen Ausgaben ist es sinnvoll, diese zunächst in Kategorien wie Wohnen, Auto, Telefon, Versicherungen etc. einzuteilen und ihnen im Zuge des Monatsabschlusses einen Rang zuzuweisen: Basis, Komfort, Luxus, Überflüssiges.

Diese Aufteilung sollte auch der Partner vornehmen. Haben beide einen Posten übereinstimmend als „überflüssig" eingeordnet, ist dieser getrost aus der Ausgabenliste zu streichen (beispielsweise ein überflüssiges Zeitungsabo). Je nach Budgetgrenze sollten übereinstimmende Luxus-Ausgaben ebenfalls dem Rotstift zum Opfer fallen. Bewertet nur ein Partner einen Posten als „überflüssig" oder „Luxus", lässt sich das diskutieren – oder der Posten wird zunächst behalten. Denn in rund einem halben Jahr ist ohnehin zu überprüfen, wie sich die Finanzen entwickelt haben. In diesem Zusammenhang lassen sich solche Posten auf den Prüfstand stellen.

Regelmäßige Ausgaben, die jedoch nicht jeden Monat anfallen, werden auf eine monatliche Basis umgerechnet, beispielsweise jährliche Versicherungsbeiträge oder quartalsmäßige Rundfunk- und Fernsehgebühren. Bei unregelmäßigen Zusatzeinnahmen sollten die Partner zuvor überlegen, wie diese zu behandeln sind. Sie können etwa als Notgroschen auf die Seite gelegt werden, für die Altersvorsorge oder ein größeres Sparziel (Reise, Autokauf, ...). Wenn die Mittel eher knapp sind, kann die Zusatzeinnahme, umgerechnet auf den Monat, in die Einnahmen einfließen, die für den Alltag verwendet werden.

Haushaltsbuch und Konto

Nach dem Geldgespräch haben die Patchworker ihre persönliche Einkommenssituation gewichtet: Sie haben überlegt, wie sie Haus- und Erwerbsarbeit werten möchten. Die Gespräche haben eine einvernehmliche Einigung zum Ziel. Anschließend wird diese Einigung praktisch umgesetzt: Die Entscheidung für eine Kontenlösung ist getroffen und damit auch, wie viel jeder finanziell beisteuert.

Wirtschaften beide nur mit einem Konto, so sind ohnehin alle Einnahmen wie Ausgaben vergemeinschaftet. Hier schließt sich das Haushaltsbuch nur noch zur Kontrolle an, um eventuell verdeckte Kostenschleudern zu entlarven.

Haben beide ihr eigenes Konto behalten und kein zusätzliches gemeinschaftliches eingerichtet (Zweikontenlösung), sollte jeder ein separates Haushaltsbuch führen. Turnusmäßig werden dann die Ausgaben verglichen und ausgeglichen.

Wer eine Dreikontenlösung hat, kann die Einigung unkompliziert praktisch umsetzen. Das Haushaltsbuch ist dann nur in Hinblick auf dieses Konto und die gemeinschaftlichen Ausgaben zu führen. Wer nicht so trennscharf handelt, würde Ausgaben, die er von seinem privaten Konto tätigt, separat aufführen und mit dem Partner besprechen.

Budget und tägliche Ausgaben

Im nächsten Schritt wird das monatliche Budget ermittelt. Hierfür sind die festen Ausgaben von den festen Einnahmen abzuziehen. Dieses Budget steht für veränderliche Ausgaben zur Verfügung, es ist das Haushaltsgeld. Zu den täglichen Ausgaben zählen der Einkauf im Supermarkt, Schulmaterialien für die Kinder oder ein Besuch im Schwimmbad, Kino oder Restaurant. Nicht zu vergessen: kleine Posten wie der Kaffee unterwegs. Gehört dieser zur Alltagsroutine, können sich Ausgaben hierfür schnell zu einem größeren Posten summieren. Es ist also wichtig, vor allem im ersten Quartal im Haushaltsbuch möglichst viel festzuhalten, um diese kleinen versteckten Kosten aufzuspüren.

Hier ist eine Balance zu finden zwischen zu detaillierten und zu pauschalen Angaben. Denn wird jede Ausgabe einem Familienmitglied und einer Rubrik zugeordnet – womöglich noch mit einer Wertung versehen (0 bis 3 Sterne für die Wichtigkeit), dann geht wegen der Detailtreue die Übersichtlichkeit verloren.

Wer jedoch nur wenig differenziert, kann versteckte Sparpotentiale nicht entdecken. In den folgenden Haushaltsbuch-Beispielen sind einige Kategorien aufgeführt. Weitere Orientierung bietet die Übersicht des Statistischen Bundesamts in diesem Kapitel.

→ TIPP

Sammeln Sie alle Kassenbons und sonstigen Rechnungen an einem festen Platz (Ordner, Schublade, ...), um sie ins Haushaltsbuch einzutragen. Legen Sie zusätzlich einen Zettel an, auf dem Sie Ausgaben ohne Rechnung festhalten können (z. B. Geld, das Sie Ihren Kindern für einen Snack in der Schule o. Ä. mitgeben). Am besten gewöhnen Sie sich für das Eintragen eine feste Routine an (beispielsweise jeden Monatsersten oder jeden 1. Samstag im Monat).

Die Eintragungen werden einmal im Monat vorgenommen. Jedes Quartal steht ein Check mit dem Partner an: Fallen bestimmte Ausgaben aus dem Rahmen? Kommen neue hinzu? Kann der Ausgleich so bleiben?

Wer standardisierte Unterlagen zum Ausfüllen sucht, ist mit dem Haushaltsbuch der Verbraucherzentrale sehr gut bedient. Dieses bietet tageweise Ausfüllmöglichkeiten und führt auch zusätzliche Spartipps auf. Auch das Internet hält zahlreiche Budget-Apps bereit.

Meins, deins, unser – wer zahlt für wen? Viele Patchworker teilen nicht alle Familienausgaben. Oft wird dann doch zwischen eigenen und Stiefkindern unterschieden.

BEISPIEL

Wer zahlt

Die Mutter trägt die Kosten für die Privatschule ihrer Tochter allein, ebenso deren kieferorthopädische Behandlung. Der Vater kommt für die Hockey-Aktivitäten seines Sohnes allein auf – inklusive Auswärtsspielen, bei denen er den Sohn stets begleitet. Diese Ausgaben werden separat unter dem jeweiligen Namen des Kindes im Haushaltsbuch erfasst und den entsprechenden Elternteilen zugeordnet. Beide Patchworkeltern teilen sich die Kita-Gebühren für das gemeinsame Nesthäkchen.

Die einseitigen Ausgaben für die Kinder können in einer separaten Rubrik erfasst werden. Sie lassen sich somit direkt einem Elternteil zuordnen. Dann erhält man einen vollständigeren Überblick über die Familienfinanzen. Und vielleicht ist auch zu diskutieren, ob die Ausgaben anders geschultert werden können. So hat man direkt Fakten in der Hand.

Soll und Haben

Werden nun vom Budget die veränderlichen Ausgaben abgezogen, ergibt sich der Saldo. Dieser sollte im positiven Bereich liegen. Nur dann wirtschaftet die Familie nachhaltig.

Wenn das Haushaltsbuch anzeigt, dass der Saldo dauerhaft im negativen Bereich liegt, obwohl die Familie die Spartipps schon befolgt und auch den Bezug von staatlichen Leistungen („Geld und Hilfen vom Staat", → Seite 85) geprüft hat, so ist der Gang zur Beratung in eine Verbraucherzentrale oder eine andere neutrale Beratungsstelle empfehlenswert.

Ausgleich

Je nachdem für welche Kontenlösung sich die Patchworker entschieden haben, steht ein Ausgleich an.

Bei einer Zweikontenlösung bietet sich hierfür ein Quartalsrhythmus an. Es fällt weniger Arbeit an als bei einem monatlichen Prozedere, wird aber übersichtlicher durch

CHECKLISTE

Das Haushaltsbuch (quartalsmäßige Überprüfung)

Beispiel A: Jeder Partner (P1/P2) hat ein Kind aus einer früheren Beziehung mitgebracht.

	JANUAR		FEBRUAR		MÄRZ		1. QUARTAL		
AUSGABE	**P1**	**P2**	**P1**	**P2**	**P1**	**P2**	**P1**	**P2**	**P1 + P2**
Ernährung									
Übernachtung/ Restaurant									
Genussmittel									
Körperpflege									
Gesundheit									
Kleidung									
Haushalts-/ Gartenbedarf									
Eigene Verkehrs- mittel									
Öffentliche Verkehrsmittel									
Haustiere									
Kommunikation/ Elektronik									
Bildung									
Freizeit									
Sonstiges									
NUR Kind 1 Extras									
NUR Kind 2 Extras									

CHECKLISTE

Das Haushaltsbuch (quartalsmäßige Überprüfung)

Beispiel B: Zwei Kinder stammen aus einer früheren Beziehung des Vaters, zusätzlich haben die Patchworkeltern ein gemeinsames Kind.

	JANUAR		FEBRUAR		MÄRZ		1. QUARTAL		
AUSGABE	**P1**	**P2**	**P1**	**P2**	**P1**	**P2**	**P1**	**P2**	**P1 + P2**
Ernährung									
Übernachtung/ Restaurant									
Genussmittel									
Körperpflege									
Gesundheit									
Kleidung									
Haushalts-/ Gartenbedarf									
Eigene Verkehrs-mittel									
Öffentliche Verkehrsmittel									
Haustiere									
Kommunikation/ Elektronik									
Bildung									
Freizeit									
Sonstiges									
NUR Kind 1+2 Extras									

GUT ZU WISSEN

Was ist ein Saldo?

Auf einem Kontoauszug bezeichnet der Saldo die Differenz zwischen den Einnahmen und Ausgaben eines Kontos.
Die Einnahmen sind die Gutschriften auf der Habenseite, die Ausgaben die Belastungen auf der Sollseite.
Wenn Ihre Einnahmen die Ausgaben übersteigen, spricht man von einem Habensaldo, oder umgangssprachlich: Das Konto ist im Plus. Im umgekehrten Fall, wenn also die Ausgaben höher als die Einnahmen sind, liegt ein Sollsaldo vor, man sagt: Das Konto ist im Minus.

weniger „finanziellen Balast" als bei einer jährlichen Bilanz. Beim Ausgleich ist zu beachten, wie die Einkommen gewichtet werden: Beide könnten sich hälftig an den Ausgaben beteiligen oder im Verhältnis zu ihren – womöglich unterschiedlichen – Einkommen, also gemäß ihrer finanziellen Kraft.

Bei einer Dreikontenlösung ist beim gemeinsamen Haushaltskonto darauf zu achten, dass dieses stets im Plus ist. Oft werden solche Konten, auf die beide Partner unabhängig voneinander Zugriff haben, nur als Guthabenkonto geführt. Sie können nicht „ins Minus" rutschen.

Doch dieser Schutz gegen übermäßiges Geldausgeben kann auch problematisch werden: Falls Lastschriften anstehen und das Konto keine nötige Deckung aufweist, können diese nicht ausgeführt werden. Dann entstehen für die Kontoinhaber zusätzliche und vor allem vermeidbare Kosten.

→ TIPP Rücklage bilden

Am besten bilden Sie auf dem Haushaltskonto einen Puffer, um für Unerwartetes, für Reparaturen oder größere Anschaffungen gerüstet zu sein. Es gibt auch Monate, in denen es finanziell enger wird, weil beispielsweise hohe Versicherungsbeiträge fällig werden.
Legen Sie zu Beginn gemeinsam fest, welcher Geldbetrag als eiserne Reserve auf dem gemeinsamen Konto verbleiben sollte.

Nach einem Quartal haben die Partner grob ihren monatlichen Saldo ermittelt. In dieser Zeit bekommen sie bereits einen guten Überblick über die Familienfinanzen. Je länger das Haushaltsbuch geführt wird, desto selbstverständlicher wird es und umso genauer werden die Auswertungen. Dann können die Partner die Überweisungen auf das Haushaltskonto genauer abschätzen und anpassen. Reichen die Transfers von den Gehaltskonten aus? Ist vielleicht mehr Spielraum da als gedacht – so dass doch der teure Klavierunterricht eines Kindes gemeinschaftlich abgedeckt werden kann?

Sparen und Referenzbudgets

Sparen leicht gemacht

Wenn Sie Ausgaben in Kategorien bündeln, dann können Sie gut sehen, welche Bereiche das Budget besonders beanspruchen. Kleine, spontane Konsumkäufe (hier sei nochmals der Kaffee unterwegs erwähnt) können über den Monat zu einem beachtlichen Posten anwachsen. Das heißt nun nicht, dass man auf die kleinen Annehmlichkeiten ganz verzichten muss – „bewusst genießen" ist hier die Devise.

Referenzbudgets

Nachhaltig zu wirtschaften ist vielfach schwierig. Zu schauen, wie viel andere ausgeben, kann ein Anhaltspunkt sein. Daher werden Referenzbudgets – also Ausgabenraster verschiedener Haushaltstypen – oftmals für Beratungsgespräche, aber auch in politischen Diskussionen herangezogen. Sie sollen bei der eigenen Einordnung helfen: Wie viel geben andere Familien aus? Sind wir doch etwas zu freigiebig in bestimmten Bereichen? Ist es uns das wert, ist das unser Lebensstil?

Doch Referenzbudgets können nur eine grobe Orientierung bieten – mehr nicht. Zum einen werden Durchschnittsbegebenheiten abgebildet, die auf die eigene Situation nicht zutreffen müssen. Wer in einer Mietwohnung ohne Garten wohnt, hat andere Aufwendungen als der Eigenheimbesitzer im Grünen. Der eine pendelt mit dem Auto zur Arbeit, das Büro der anderen ist fußläufig erreichbar. Die eine Familie muss horrende Krippengebühren zahlen, die andere bringt die Kleine täglich zur Oma.

Das Referenzbudget will nicht vorschreiben, wie man sein Geld auszugeben hat. Natürlich müssen persönliche Lebensumstände und die tatsächliche Situation eines Haushalts immer berücksichtigt werden. Doch können sich Patchworkfamilien überhaupt an einem Referenzbudget orientieren? Ließe sich überhaupt belastbar ermitteln, wie viel Haushalte in vergleichbarer Situation ausgeben? In Patchworkfamilien zeigt sich eine Vielzahl an Lebenssituationen, die – völlig unabhängig vom Lebensstil – die Zuordnung zu einer Referenzgröße erschweren.

Wie sollen sich beispielsweise Familien einordnen, die das Wechselmodell leben? Wenn mehrere Kinder zwischen den Haushalten pendeln: Sind das getrennte Haushalte oder sind sie nicht doch verbunden? Wie sieht es aus, wenn nicht nur ein Elternteil, sondern beide Partner Kinder mit in die Patchwork-Beziehung bringen?

Patchwork bedeutet zusätzlicher Aufwand: finanziell, organisatorisch, zeitlich. Ein einfacher Vergleich in Hinblick darauf, ob die eigenen Ausgaben im Durchschnitt liegen, ist bei Patchworkern kaum möglich, denn erhöhte Ausgaben können im Sonder-

Konsumausgaben privater Haushalte 2018

Anteile in %

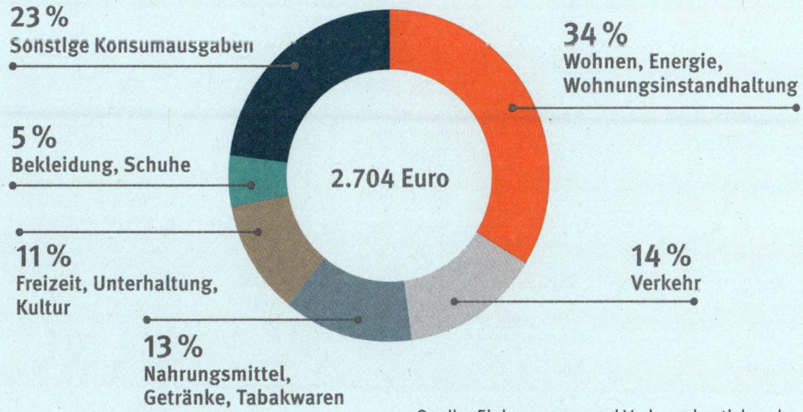

Quelle: Einkommens- und Verbrauchsstichprobe, © Destatis 2020.

Teurer Konsum: Die Konsumausgaben sind in Deutschland rund 30 Prozent höher als im EU-Durchschnitt, hat das Statistische Bundesamt in Wiesbaden ermittelt. So lagen die Konsumausgaben der privaten Haushalte in Deutschland im Gesamtjahr 2019 **pro Kopf** bei durchschnittlich 21.750 Euro. EU-weit wurden durchschnittlich nur 16.570 Euro pro Person für Wohnen, Ernährung und Bekleidung, aber auch für Mobilität, Freizeit und weitere private Aktivitäten aufgewendet.

bedarf einer Patchworkfamilie begründet sein. Wer das jedoch im Hinterkopf behält, kann sich zumindest grob an den Referenzbudgets orientieren und „Pi mal Daumen" seinen separaten Bedarf draufschlagen.

Konsumausgaben privater Haushalte in Deutschland

ART DER AUSGABE	HAUSHALTE INSGESAMT		MIT 3 PERSONEN		MIT 4 PERSONEN		MIT 5 UND MEHR PERSONEN	
	EUR	%	EUR	%	EUR	%	EUR	%
Private Konsumausgaben	2.518	100	3.316	100	3.812	100	3.907	100
Nahrungsmittel, Getränke und Tabakwaren	348	13,8	496	15,0	559	14,7	621	15,9
Bekleidung und Schuhe	110	4,4	165	5,0	201	5,3	208	5,3
Wohnen, Energie, Wohnungsinstandhaltung	897	35,6	1.109	33,5	1.202	31,5	1.304	33,4
Innenausstattung, Haushaltsgeräte, -gegenstände	140	5,6	180	5,4	228	6,0	178	4,5
Gesundheit	98	3,9	108	3,3	119	3,1	133	3,4
Verkehr	348	13,8	479	14,4	581	15,3	541	13,9
Post und Telekommunikation	64	2,5	88	2,7	89	2,3	96	2,5
Freizeit, Unterhaltung und Kultur	259	10,3	342	10,3	409	10,7	426	10,9
Bildungswesen	18	0,7	38	1,1	67	1,8	74	1,9
Beherbergungs- und Gaststättendienstleistungen	146	5,8	190	5,7	224	5,9	202	5,2
Andere Waren und Dienstleistungen	90	3,6	121	3,7	133	3,5	124	3,2

Die durchschnittlichen Ausgaben für 2017 beziehen sich auf Haushalt und Monat.
Quelle: Destatis 2019

Wie gelingt gemeinsames Sparen und Anlegen?

Expertentipp von Thomas Hentschel, Finanzexperte bei der Verbraucherzentrale Nordrhein-Westfalen e.V.:

Hier gibt es keinen „Königsweg". Beim gemeinsamen Sparen ist Offenheit eine wichtige Grundlage. Danach stellt sich die Frage, welche Erfahrung, finanzielle Allgemeinbildung und auch welches Interesse am Geldanlegen bei den Partnern jeweils zugrunde liegen. Sicherlich werden Antworten unterschiedlich ausfallen. Bei gemeinsamen Geldanlagen tragen die Partner das Risiko auch gemeinsam. Hat ein Partner kein Interesse, begibt er sich in die Abhängigkeit des anderen. Aus Sicht der Verbraucherzentrale NRW sind Informationen über die Funktionsweise und die Vor- und Nachteile entscheidend für den Erfolg oder Misserfolg einer jeden Geldanlage. Vertrauen ist daher unverzichtbar. Man sollte sich deshalb darüber einig sein, dass das Geld grundsätzlich nach dem „kleinsten gemeinsamen Nenner" angelegt wird. Möchte ein Partner – und ist auch nicht vom Gegenteil zu überzeugen –, dass das Geld nur sicher (also risikoarm) angelegt wird, dann ist das so!

Gemeinsames Sparen setzt ebenso die Definition von Sparzielen voraus.

- Aufbau einer gemeinsamen Rücklage
- Sparen für gemeinsame Anschaffungen
- Sparen für die Kinder
- Sparen für den Immobilienerwerb
- Sparen für die Altersvorsorge

Letzteres ist eine große Herausforderung, da es immer noch vielfach Frauen sind, die aufgrund der Geburt der Kinder ihren Job aufgeben oder in Teilzeit arbeiten. Sie verzichten nicht nur auf Einkommen und finanzielle Autonomie, sondern auch auf Rente aus der gesetzlichen Rentenversicherung. Darüber muss man sich beiderseitig im Klaren sein und Kompensation durch eine private Altersvorsorge, in erster Linie für die – in Ausnahmen den – Kindererziehende/n schaffen.
Auf jeden Fall sollten Paare, insbesondere wenn sie nicht verheiratet sind, klare Regelungen für den Fall der Trennung oder gar des Todes treffen.

Taschengeld für das Kind

Kinder sollen den Umgang mit Geld lernen. Sie müssen üben, Geld einzunehmen, zu sparen und wieder auszugeben. Regelmäßiges Taschengeld ist daher wichtig. In einer Patchworkfamilie ist besonders darauf zu achten, dass alle Kinder altersabhängig vergleichbar viel Geld erhalten. Daher sollten die Paare hierüber sprechen. Wie wurde das Taschengeld bislang gehandhabt? Auf welche Summe kann man sich einigen? Wer kommt für das Taschengeld auf: nur der leibliche Elternteil – womöglich zusammen mit dem Ex-Partner – oder die Patchworker gemeinsam über die Haushaltskasse?

Wichtig ist, dass die Kinder und Jugendlichen informiert werden – insbesondere wenn zwei Patchwork-Partner einen Haushalt bilden, die das Thema bislang völlig unterschiedlich behandelt haben – wenn also zum Beispiel ein Kind gewohnt ist, vergleichsweise viel Taschengeld zu bekommen, der Nachwuchs des anderen Partners aber

GUT ZU WISSEN

Jungen erhalten oft mehr Taschengeld als Mädchen, das zeigen weltweite Studien, so Finanzcoach Monika Müller. Sie hat beobachtet: „Es gibt unbewusste Muster. Der sogenannte Gender Pay Gap, also die Verdienstdifferenz von Frauen und Männern, beginnt bereits im Taschengeldalter.“ Es lohnt sich, hier das eigene Verhalten zu prüfen. „Die Spur, die bei den Kindern gelegt wird, setzt sich im Erwachsenenleben fort“, so Müller.

Wöchentliche Zahlung an Kinder im Vor- und Grundschulalter

ALTER	HÖHE DES TASCHENGELDES (IN EURO) TURNUS: WÖCHENTLICH
Unter 6	0,50 bis 1
6 bis 8	1 bis 2,50
8 bis 10	2,50 bis 4,50

Monatliche Zahlung an ältere Kinder und Jugendliche

ALTER	HÖHE DES TASCHENGELDES (IN EURO) TURNUS: MONATLICH
11	18 bis 20,50
12	20,50 bis 23
13	23,00 bis 25,50
14	25,50 bis 30,50
15	30,50 bis 38,00
16	38,00 bis 45,50
17	45,50 bis 61,00
18	61,00 bis 76,00

Die Empfehlungen basieren auf Angaben des Bundesfamilienministeriums BMFSFJ.

nicht. Zusätzlich problematisch wird es, wenn die Ex-Partner die Kinder wiederum anders – eventuell sehr großzügig – behandeln. Schnell wird so das Thema Taschengeld emotional aufgeladen.

„Im Hinblick auf die Kinder sollte darauf geachtet werden, Ambivalenzen zu vermeiden, sich gemeinsam klar zu verhalten", rät Birgit Happel, Soziologin und Vorstand im Präventionsnetzwerk Finanzkompetenz e.V. Insbesondere solle man „möglichst keinen Unterschied machen, ob es die eigenen Kinder, die des Partners bzw. der Partnerin oder gemeinsame sind. Kein Kind sollte bevorzugt, keines benachteiligt werden", so Happel.

→ TIPP Zahltag

Kinder im Grundschulalter sollten wöchentlich Taschengeld erhalten. Diese Zeitspanne ist für sie besser überschaubar. Am besten bestimmen Sie einen konkreten Wochentag zur Zahlung, beispielsweise immer den Samstag. Dadurch lernt das Kind Kontinuität kennen und kann sich darauf einstellen bzw. verlassen.

Ältere Kinder und Teenager können dann schon monatlich ihr Taschengeld erhalten. Hier bietet sich der Monatserste als Zahltag an, dann können sie planen.

§ GESETZLICHE GRUNDLAGE

Taschengeldparagraph

Ab dem siebten Geburtstag sind Minderjährige beschränkt geschäftsfähig. Sie bedürfen für Verträge allerdings der Zustimmung der Erziehungsberechtigten. Ausnahme: Verträge, die unter den Taschengeldparagraphen fallen, also solche, die ein Minderjähriger mit seinem Taschengeld bewirken kann. Wenn das Taschengeld zur freien Verfügung überlassen wurde, können Minderjährige ein Geschäft abschließen, ohne dass Erziehungsberechtigte zustimmen müssen. Generell unwirksam sind in diesem Zusammenhang hingegen Ratenkäufe, Handyverträge, Abos, der Kauf elektronischer Geräte und andere verhältnismäßig teure Anschaffungen.

Schülerjobs – ohne Moos nix los

Das Taschengeld reicht nicht? Schüler können ihre Finanzen mit einem Ferien- oder Schülerjob aufbessern. Welche Jobs Schüler ab welchem Alter annehmen dürfen, regeln das Jugendschutzgesetz und die Kinderarbeitsschutzverordnung. Generell gilt für Minderjährige: Es müssen leichte Tätigkeiten sein, etwa Gartenarbeit, Zeitungen austragen oder Botengänge. Schwere körperliche oder gefährliche Tätigkeiten sind für Jugendliche verboten. Ebenfalls untersagt sind Akkordarbeiten und das Hantieren mit Gefahrstoffen.

Die Tätigkeiten dürfen die Sicherheit, Entwicklung und Gesundheit der Kinder nicht gefährden. Die Vorschriften besagen:

- Bis zum 13. Geburtstag ist das Arbeiten für Kinder nicht erlaubt.
- Teenager zwischen 13 und 15 Jahren dürfen kleinere Jobs ausüben. Sie dürfen beispielsweise Nachhilfe geben, Babysitten oder Zeitungen austragen. Die Arbeitszeit darf zwei Stunden pro Tag nicht überschreiten. Dafür benötigen sie die Erlaubnis der Eltern.
- Ab dem 15. Lebensjahr dürfen jugendliche Schüler bis zu vier Wochen lang in den Ferien jobben. Höchstens acht Stunden am Tag (40 Stunden in der Woche) sind erlaubt.
- Ab 18 Jahren: Für volljährige Schüler und Studenten gilt nicht mehr das Jugendarbeitsschutzgesetz, sondern das normale Arbeitsrecht. Sie dürfen mehr als vier Wochen im Jahr und auch außerhalb der Schulferien arbeiten.

Patchwork und Finanzen aus Kindersicht

Expertentipp von Claudia Chmel, Diplom-Sozialpädagogin, Geschäftsführerin des VAMV Verband alleinerziehender Mütter und Väter e.V., Landesverband Berlin

Mit dem Gründen einer Patchworkfamilie und dem Zusammenziehen ändert sich nicht nur für die Eltern einiges, sondern auch für die Kinder. Bis dahin gab es zwar den Freund der Mutter oder die Freundin des Papas, aber der Alltag hat auch noch viel Zeit allein mit dem eigenen Elternteil bereitgehalten. Jetzt verändert sich auch das alltägliche Leben mit seinen bisherigen Gewohnheiten.

Eine Rolle spielen dabei auch die Finanzen, die die Kinder am ehesten beim Taschengeld spüren. Der „neue" Elternteil bringt Erfahrungen aus der eigenen bisherigen Lebenswelt mit. Waren Finanzen ein Sorgen- oder gar Streitthema in der „alten" Familie? Wieviel Geld stand bislang insgesamt zur Verfügung? Wieviel wurde für die Kinder z. B. für Kleidung, technische Ausstattung mit Handy und PC, Hobbys, Schulsachen usw. ausgegeben? Das kann in beiden Familien sehr unterschiedlich gewesen sein. Auch kann das jetzt aktuell zur Verfügung stehende Budget geschrumpft oder gewachsen sein mit der neuen gemeinsamen Lebenssituation.

Für Kinder ist es gut, wenn sich Dinge schrittweise verändern. Wenn das Taschengeld nicht plötzlich erheblich mehr oder weniger wird und wenn sie altersgerecht über die Gründe der Veränderung informiert werden. Einen neutralen Anhaltspunkt zum Taschengeld bekommt man unter **www.dji.de.**

Eltern sollten sich dazu austauschen, warum sie bislang wieviel für die Bedürfnisse der Kinder ausgegeben haben, was ihnen wichtig war und ist. Die Kinder zu verwöhnen, um ihnen die Veränderung vermeintlich zu erleichtern, ist nicht unbedingt hilfreich. Es sollte von den Eltern gemeinsam eine realistische Einschätzung erfolgen, wie hoch das Taschengeld für die Kinder sein soll und wieviel Geld für Kleidung etc. zur Verfügung steht.

Auch bei Hobbys sollte darauf geachtet werden, dass diejenigen, die schon liebgewonnene Freizeitbeschäftigungen haben, diese weiterführen können. Diejenigen, die das noch nicht haben, sollten die Chance bekommen, etwas den Neigungen Entsprechendes auszuprobieren. Ein Instrument, besondere Turnschuhe, der neue Badeanzug, usw. können auch als Geschenke zu Weihnachten oder zum Geburtstag sinnvoll sein.

Geld und Hilfen vom Staat

Kinder kosten, sie sind aber auch unsere Zukunft. Daher entlastet der Staat Familien. Doch in welchem Umfang gelten die Hilfen auch für Patchworkfamilien? Welche finanziellen Unterstützungen existieren und wie können sie beantragt werden? Mutterschaftsgeld, Elterngeld, Kindergeld, Kinderzuschlag. Wie steht es um den Unterhaltsvorschuss für Alleinerziehende? Bei jungen Erwachsenen schließlich wird BAföG interessant – hier gibt es ebenso Sonderregeln für Patchworker wie bei der Einstandspflicht und der Pfändung.

Kinder kriegen die Leute sowieso", befand der ehemalige Bundeskanzler Konrad Adenauer. Aber Kinder sind teuer. Sie kosten im Schnitt rund 584 Euro monatlich, also rund 130.000 Euro bis zum 18. Lebensjahr, hat das Statistische Bundesamt ermittelt. In dieser Hochrechnung sind weder Vorsorge- und Versicherungskosten berücksichtigt noch ein geräumigeres Auto oder eine größere Wohnung. Auch nicht, dass in vielen Familien ein Elternteil weniger arbeitet und damit das Haushaltseinkommen verringert.

Gesunkene Einnahmen – gestiegene Ausgaben: Welche staatlichen Hilfen gibt es, von denen auch Patchworkfamilien profitieren können?

Staatliche Leistungen senken die Kosten für Kinder in Form von steuerlichen Erleichterungen oder direkten Zuschüssen. Zu den wichtigsten Hilfen auch für Patchworkfamilien zählen Mutterschafts-, Kinder-, Elterngeld sowie BAföG. Hinzu tritt das Starke-Familien-Gesetz (StaFamG), das einkommensschwache Familien entlasten soll. Familien mit kleinen Einkommen könnten hierdurch jeden Monat mehrere hundert Euro zusätzlich in der Tasche haben.

Kindergeld

Es wird mindestens bis zum 18. Lebensjahr des Kindes bewilligt. Das Einkommen der Eltern spielt für die Zahlung keine Rolle. Für Kinder in Ausbildung (Schule, Studium, Berufsausbildung, Freiwilligendienst) wird es sogar bis zum 25. Lebensjahr und für arbeitslose Kinder bis zum 21. Lebensjahr gezahlt.

Aktuell beträgt das Kindergeld 204 Euro für die ersten beiden Kinder, 210 Euro für das dritte und 235 Euro ab dem vierten Kind. Für ein Kind kann immer nur eine Person Kindergeld erhalten. Es wird dem Elternteil gezahlt, der mit dem Kind in einem Haushalt lebt.

BEISPIEL

Zählkind

Anna erzieht Merle allein und erhält auch für sie das Kindergeld. Gerd, Merles Vater, ist eine neue Beziehung (ohne Trauschein) mit Gisela eingegangen. Sie bekommen Zwillinge. Beantragt nun Gerd das Kindergeld für die Zwillinge, so erhält er 204 Euro und 210 Euro monatlich. Grund: Da Merle als sein erstes Kind in der Staffelung mitgezählt wird, rutschen die Zwillinge auf Position zwei und drei. Für das dritte Kind erhält Gerd in diesem Fall bereits 6 Euro mehr pro Monat. Hierbei ist es unerheblich, dass Anna und nicht Gerd das Kindergeld für Merle erhält. Beantragt allerdings Gisela das Kindergeld für die Zwillinge, so erhält sie nur zweimal 204 Euro monatlich. Denn da Merle nicht Giselas Tochter ist, gilt sie hier nicht als Zählkind.

Zählkinder

Nun wird es für Patchworkfamilien interessant: Wer in kinderreichen Patchworkfamilien den Bezugsberechtigten für das Kindergeld geschickt wählt, kann von höheren Leistungen profitieren. Dies liegt in der Besonderheit der sogenannten Zählkinder begründet.

Die Höhe des Kindergelds ist gestaffelt. Es wird chronologisch nach Alter der Kinder gezahlt. Die Zählkinder-Regelung hat keinen unmittelbaren Einfluss auf die Auszahlung des Kindergeldes, jedoch auf die Höhe.

Denn leibliche Kinder aus einer vorherigen Beziehung, die nicht mit im Haushalt leben, können für die Staffelung mitgezählt werden, auch wenn der getrennt lebende Elternteil für diese Kinder kein Geld bekommt.

Die Bundesagentur für Arbeit formuliert es in ihren Merkblättern so: „Ein Kind, für das an den vorrangig Berechtigten Kindergeld gezahlt wird, kann gleichwohl auch bei dem nachrangig Berechtigten als Zählkind berücksichtigt werden. Sind bei einem älteren Zählkind mindestens zwei jüngere Kinder vorhanden, für die Kindergeld gezahlt wird, schiebt dieses Zählkind die zwei jüngeren Kinder in der Rangfolge auf die Ordnungszahlen zweites und drittes Kind, so dass für das jüngste Kind dann das höhere Kindergeld für ein drittes Kind gezahlt wird."

→ **TIPP Zählkinder: Vorteil nutzen**
Kinder zählen beim Kindergeld in der Reihenfolge der Geburten. Daher ist es günstig, das Kindergeld für gemeinsame Kinder an den Partner auszahlen zu lassen, der bereits ein oder mehrere ältere Kinder aus einer früheren Beziehung hat. So rutschen die gemeinsamen Kinder in der Staffelung nach oben, der Auszahlbetrag kann sich erhöhen.

Nur mit Trauschein!

Wie sieht es aus, wenn beide Partner Kinder aus früheren Beziehungen in den neuen gemeinsamen Haushalt einbringen? Ob diese Kinder eine Gruppe mit gemeinsamer Kindergeld-Staffelung bilden, hängt davon ab, ob die Patchworkeltern mit oder ohne Trauschein zusammenleben.

Generell gilt, dass Kindergeld für die Kinder gezahlt wird, die im Haushalt aufgenommen sind und dort betreut werden. Es kann auch für Stiefkinder gezahlt werden. Doch als Stiefkinder gelten steuerlich nur Kinder, die in eine Ehe eingebracht werden (§ 63 Abs. 1 EstG). Die Patchworkeltern müssen also miteinander verheiratet sein („Steuern", → Seite 113).

BEISPIEL

Berechtigung

Marius bringt Sohn Alexander (8 Jahre) in die neue Beziehung, Ilka die Töchter Olga (7 Jahre) und Sofia (10 Jahre).
Heiraten nun Marius und Ilka, so können sie selber entscheiden, wer die Kindergeldberechtigung erhält. Wenn einer von beiden für alle drei Kinder berechtigt wird, so erhält dieser im Monat 204 Euro für Sofia, 204 Euro für Alexander und 210 Euro für Olga.
Leben Marius und Ilka ohne Trauschein zusammen, so kann Marius nur für Alexander berechtigt sein (204 Euro), Ilka nur für Sophia (204 Euro) und Olga (204 Euro).

GUT ZU WISSEN

Antrag

Das Kindergeld muss schriftlich bei der Familienkasse der Bundesagentur für Arbeit beantragt werden, dies ist auch online möglich. Einen Vordruck gibt es unter **www.arbeitsagentur.de.** Die Familienkassen benötigen die Steuer-Identifikationsnummern des Beziehers der Leistung und die des Kindes.

Kinderfreibetrag

Dieser ist die Alternative zum Kindergeld. Der Kinderfreibetrag beträgt aktuell 7.812 Euro jährlich pro Kind, inklusive Freibetrag für Betreuungs- und Erziehungsbedarf. Das bedeutet: Diese Summe muss bei der Steuererklärung der Eltern nicht berücksichtigt werden, auf sie werden keine Steuern bezahlt. Das Finanzamt prüft automatisch, welche Alternative für den Steuerpflichtigen günstiger ist („Günstigerprüfung").

§ GESETZLICHE GRUNDLAGE

Urteil zu Zählkindern

In Hinblick auf das Kindergeld ist ein Urteil des Bundesfinanzhofs (BFH) für Patchworkfamilien zu beachten. Der BFH in München entschied 2018 (BFH III R 24/17 vom 25. April 2018), dass der Kindergeldberechtigte die Kinder des anderen Partners für ein höheres Kindergeld nur dann mitzählen lassen kann, wenn das Paar verheiratet ist.

Im konkreten Fall hatte ein Vater geklagt, der mit seiner Partnerin, ihren zwei Kindern aus einer früheren Beziehung und der gemeinsamen Tochter zusammen in einem Haushalt lebt. Er beanspruchte für die gemeinsame Tochter Kindergeld, die Frau für die anderen zwei Kinder.

Von der Familienkasse verlangte er nun, dass die gemeinsame Tochter als „drittes Kind" der Familie zählen müsse. Ab dem dritten Kind stehe ihm daher höheres Kindergeld zu. Doch die Familienkasse lehnte das ab.

Der sogenannte Zählkindervorteil könne nicht beansprucht werden, so das Urteil, da das Paar nicht verheiratet sei. Der Vater sei nur für seine Tochter kindergeldberechtigt, nicht aber für die Kinder seiner Lebensgefährtin.

Die Münchener Richter wiesen jedoch darauf hin, dass der Lebensgefährtin

→

→

das höhere Kindergeld zustehen würde, vorausgesetzt, der Vater würde ihr den Kindergeldanspruch für die gemeinsame Tochter übertragen. Denn die Mutter könne darauf verweisen, dass sie drei leibliche Kinder hat.

Interessant ist vor allem die weitere Begründung des Bundesfinanzhofs: **Was gilt hierzulande als Familie?**

Bildet ein unverheiratetes Paar mit seinen Kindern eine Patchworkfamilie, sei dies im Sinn des Grundgesetzes (Art. 6 Abs. 1 GG) noch keine „Familie". Dies gelte auch dann, wenn die nichteheliche Lebensgemeinschaft schon Jahre bestehen würde, urteilte der BFH. Denn zu einer Familie gehöre nicht nur die Aufnahme des Kindes in den Haushalt, sondern auch eine „gesteigerte Verbundenheit" zwischen dem Steuerpflichtigen und dem Kind des anderen Partners.
Diese gesteigerte Verbundenheit liege nur bei einer Ehe vor. „Diese ergibt sich beim Kind des Ehegatten [...] daraus, dass dieses nach § 1590 Abs. 1 BGB mit dem anderen Ehegatten verschwägert ist und diese Schwägerschaft selbst dann fortbesteht, wenn die Ehe, durch die sie begründet wurde, aufgelöst ist (§ 1590 Abs. 2 BGB)", so die BFH-Richter.

Das Oberverwaltungsgericht (OVG) Bautzen hingegen betont, dass es neben der biologischen und rechtlichen auch eine soziale Komponente von Elternschaft gibt. In zwei Urteilen vom 12. Februar 2019 (OVG 4 A 880/16 und 4 A 881/16) beschäftigte sich das OVG mit der Beitragsermäßigung für Kinder in städtischen Dresdner Kindertagesstätten. Es hat entschieden, dass diese auch für solche Kinder in Anspruch genommen werden kann, bei denen die Eltern nicht zugleich auch Eltern der Geschwisterkinder sind. Das OVG hat den Elternbegriff im sächsischen Kitagesetz (§ 15 Abs. 1 Satz 3 SächsKitaG) so ausgelegt, dass er sich an den „tatsächlichen Begebenheiten" orientiere: „Denn es kommt bei diesen Haushalten [Patchworkfamilien] regelmäßig nicht darauf an, ob die Betreuungs- und Erziehungstätigkeiten auf Personen verteilt werden, die mit den Kindern biologisch oder rechtlich in einer Eltern-Kind-Beziehung verbunden sind, oder ob dies – wie etwa bei Lebenspartnern, erwachsenen Kindern, Großeltern oder Stiefelternteilen – nicht der Fall ist."

Mutterschaftsgeld

Schwangere Arbeitnehmerinnen, die gesetzlich versichert sind und Anspruch auf Krankengeld haben, erhalten diese Zahlung. Das bisherige Nettogehalt wird in der Regel im Zeitraum von sechs Wochen vor dem errechneten Geburtstermin bis acht Wochen nach der Geburt gezahlt.

Bei medizinischen Frühgeburten, Mehrlingsgeburten und auf Antrag auch bei der Geburt eines Kindes mit einer Behinderung enden die Schutzfristen zwölf Wochen nach der Entbindung. Die Krankenkasse übernimmt hiervon 13 Euro pro Kalendertag als Sockelbetrag, der Arbeitgeber zahlt die Differenz. Das Mutterschaftsgeld wird bei Krankenkasse und Arbeitgeber beantragt.

Elterngeld

Wenn Eltern die Arbeitszeit unterbrechen oder auf maximal 30 Wochenstunden verringern, um ihr Kind zu betreuen, unterstützt der Staat das unter bestimmten Voraussetzungen finanziell. Dieses Elterngeld gibt es als Basiselterngeld, Elterngeld Plus und Partnerschaftsbonus. Die Varianten lassen sich miteinander kombinieren. Die gesetzliche Grundlage besteht im Bundeselterngeld- und -Elternzeitgesetz (BEEG) gültig ab 2007, neu bekannt gemacht am 27. Januar 2015.

→ **Basiselterngeld**: Es wird für höchstens 14 Monate gezahlt. Die Eltern können den Zeitraum untereinander aufteilen. Einzige Bedingung: Ein Elternteil muss mindestens zwei und maximal zwölf Monate Elternzeit nehmen.
Das Elterngeld ersetzt zwischen 65 und 100 Prozent des Einkommens, das im Jahr vor der Geburt des Kindes durchschnittlich erwirtschaftet wurde. Der Höchstbetrag liegt bei 1.800 Euro, der Mindestbetrag bei 300 Euro pro Monat. Allerdings fließt das Einkommen aus einer Teilzeitarbeit im gleichen Zeitraum in die Berechnung des Elterngeldes ein. Nur die Gehaltseinbuße wird bei der Rechnung berücksichtigt.

→ **Elterngeld Plus:** Doppelt so lang, halb so hoch – der Bezug lässt sich auf 28 Monate ausdehnen, aber in halber Höhe. Das Elterngeld Plus richtet sich vor allem an jene, die früher in den Beruf zurückkehren möchten.
Wenn Eltern nach der Geburt nicht arbeiten, ist das Elterngeld Plus halb so hoch wie das Basiselterngeld. Wenn sie jedoch nach der Geburt in Teilzeit arbeiten, kann das monatliche Elterngeld Plus genauso hoch sein wie das Basiselterngeld mit Teilzeiteinkommen.

→ **Partnerschaftsbonus:** Diese zusätzlichen vier Monate Elterngeld Plus können Mütter und Väter beantragen, wenn sie in vier aufeinanderfolgenden Monaten gleichzeitig 25 bis 30 Wochenstunden arbeiten.

Vor der Neuerung 2015 gab es nur das Basiselterngeld, das sich relativ einfach berechnen lässt. Allerdings benachteiligte es die Eltern, die schnell wieder Teilzeit in den Beruf zurück wollten. Nun gibt es etliche Kombinationsmöglichkeiten. Die optimal passende zu finden ist komplex.

Am besten lassen sich werdende Eltern von ihrer Elterngeldstelle beraten. Zuständig ist die Elterngeldstelle des Landkreises oder der kreisfreien Stadt am Wohnort, dort wird dann auch der Antrag eingereicht.

Das Bundesfamilienministerium plant, das Elterngeld zu reformieren und hat daher im Februar 2020 einen Gesetzesentwurf vorgelegt. In diesem sind unter anderem Vorschläge zur Änderung der Zahlungsdauer, der Wochenarbeitszeit und zur besonderen Unterstützung bei Frühgeburten enthalten.

→ **TIPP www.familienportal.de**
Hier finden Interessierte ihre zuständige Elterngeldstelle und einen Rechner.

→ **TIPP Elterngeld online**
In einigen Bundesländern lässt sich das Elterngeld auch online beantragen. Der Service ElterngeldDigital ist in Berlin, Bremen, Hamburg, Rheinland-Pfalz, Sachsen und Thüringen verfügbar. Weitere Bundesländer sollen folgen. Unter **www.elterngeld-digital.de** finden Sie mehr Informationen.

Elterngeld kann ab der Geburt des Kindes beantragt werden. Es wird rückwirkend maximal drei Lebensmonate gezahlt. Das Elterngeld ist steuerfrei. Es unterliegt aber dem sogenannten Progressionsvorbehalt, wird also bei der Ermittlung des individuellen Steuersatzes eingerechnet. Dieser – womöglich höhere – Steuersatz wird dann auf das gesamte zu versteuernde Einkommen angewendet.

Geschwisterbonus beim Elterngeld

Lebt der Beziehende des Elterngelds in einem Haushalt mit zwei Kindern, die jünger als drei Jahre alt sind, oder mit drei oder mehr Kindern, die jünger als sechs Jahre alt sind, wird das Elterngeld um zehn Prozent, mindestens aber um 75 Euro erhöht (Geschwisterbonus, § 2a Abs.1 BEEG). Ist eines der Kinder behindert, so greift hier die Altersgrenze von 14 Jahren.

Der Geschwisterbonus wird automatisch gewährt. Beim Antrag fügen die Eltern Nachweise über die Geschwisterkinder bei (zum Beispiel Geburtsurkunden, ggf. Meldebescheinigungen oder frühere Elterngeldbescheide).

Wie auch beim Kindergeld gilt für Patchworkfamilien: Nur mit Trauschein! Auch für ein nicht leibliches Kind des Ehe- oder Lebenspartners (eingetragene Lebenspartnerschaft) ist der Geschwisterbonus möglich. Doch ist man nicht verheiratet oder verpartnert, löst das leibliche Kind des Patchworkpartners keinen Anspruch auf einen Geschwisterbonus aus, selbst wenn es mit im gemeinsamen Haushalt wohnt.

BEISPIEL

Geschwisterbonus

Claudia und Ahmed sind am 06. Februar 2019 Eltern von Jasmin geworden. In der gemeinsamen Wohnung lebt auch Timur, das erste Kind von Claudia aus ihrer vorherigen Beziehung. Timur feiert am 11. Oktober 2019 seinen dritten Geburtstag. Claudia und Ahmed beschließen, dass Ahmed Elterngeld beantragen soll. Am 02. Mai 2019 heiraten die beiden. Damit kann Ahmed den Geschwisterbonus vom vierten bis zum achten Lebensmonat von Jasmin beantragen. Danach entfällt der Anspruch auf einen Geschwisterbonus, weil Timur drei Jahre alt wird.

Familiengeld

Dies ist eine bayerische Besonderheit. Seit 1. September 2018 erhalten Eltern dort für jedes Kind im zweiten und dritten Lebensjahr 250 Euro pro Monat, ab dem dritten Kind 300 Euro pro Monat. Das Familiengeld zahlt der bayerische Staat unabhängig vom Einkommen oder der Erwerbstätigkeit der berechtigten Person. Ebenso spielt es keine Rolle, ob das Kind in einer Krippe oder zu Hause betreut wird. Das Familiengeld ist beim Zentrum Bayern Familie und Soziales (ZBFS) zu beantragen – am einfachsten direkt zusammen mit dem Elterngeld. Das Familiengeld ist steuerfrei und unterliegt auch nicht dem Progressionsvorbehalt.

Welche Kinder zählen hier für die Höhe des Familiengelds, also dafür, ob 250 oder 300 Euro bezogen werden?

Beim Elterngeld war dies nur bei leiblichen Kindern möglich und bei Kindern des Ehegatten – die Patchworkeltern mussten also verheiratet sein. Auch beim Kindergeld hat der Bundesfinanzhof die Ehe in seiner Urteilsbegründung betont („Urteil zu Zählkindern", → Seite 88). Beim Familiengeld hingegen sind die Voraussetzungen weniger streng. Laut ZBFS werden „die Kinder gezählt, die im Haushalt der antragstellenden Person leben. Es zählen auch Kinder des Ehegatten, des eingetragenen Lebenspartners oder des Partners einer nichtehelichen Lebensgemeinschaft, die im gemeinsamen Haushalt leben." Und weiter: „Familiengeld in Höhe von 300 Euro für das dritte Kind wird also gezahlt, wenn (mindestens) zwei ältere Kinder mit Kindergeldbezug im Haushalt leben."

→ **TIPP** Weitere Informationen zum Familiengeld finden Sie auch unter **www.zbfs.bayern.de/familie/familiengeld/** oder dem Servicetelefon des ZBFS unter 0931 32090929.

Kinderzuschlag

Staatliche Unterstützung kann das Familienbudget entlasten. Kinder brauchen Förderung, doch der Musikunterricht kostet Geld, der Fußballverein auch. Geld, das in vielen Patchworkfamilien knapp ist.

Daher lohnt ein Blick auf staatliche Unterstützung. Vielen Eltern ist nicht bewusst, dass sie das Recht auf staatliche Leistungen oder Vergünstigungen haben.

Der Kinderzuschlag (KiZ) ist einkommensabhängig. Er soll zusammen mit dem Einkommen den Bedarf der Familie decken, sodass sie kein Arbeitslosengeld II beantragen muss. Rund um den KiZ hat das Familienministerium das „Starke-Familien-Gesetz" (StaFamG) konzipiert. Ziel des Gesetzes ist, Familien mit kleinen und mittleren Einkommen wirksamer vor Armut zu schützen, den Bedarf von Kindern zu sichern. Daher wurden der KiZ und das Bildungs- und Teilhabepaket aufgestockt.

Den KiZ gibt es zusätzlich zum Kindergeld. Für Patchworkfamilien bedeutet dies: Nur die Kinder, die im gemeinsamen Haushalt leben und für die Kindergeld bezogen wird, kommen überhaupt für den KiZ in Betracht. Also nicht die Zählkinder aus einer früheren Beziehung, die nicht im Patchworkhaushalt leben. Zum Juli 2019 wurde der KiZ von maximal 170 Euro auf 185 Euro pro Monat und Kind erhöht.

Um den KiZ zu beantragen, müssen Elternpaare wenigstens 900 Euro im Monat verdienen. Seit dem 1. Januar 2020 sind die oberen Einkommensgrenzen für den KiZ-Bezug weggefallen. Das Einkommen der Eltern, das über ihren eigenen Bedarf hinausgeht, wird nur noch zu 45 Prozent auf den KiZ angerechnet.

→ **TIPP**

Der KiZ zieht eine wichtige Leistung nach sich: Wer ihn erhält, wird auf Antrag von den KiTa-Gebühren befreit.

Der Antrag für den Kinderzuschlag ist bei der Familienkasse der Bundesagentur für Arbeit zu stellen. Die Leistung wird für sechs Monate gewährt und nicht mehr rückwirkend überprüft.

Damit müssen Familien nicht mehr zwischen Kinderzuschlag und Grundsicherung hin- und herwechseln, wenn ihr Einkommen leicht schwankt. Ist der Bewilligungszeitraum abgelaufen, ist der Kinderzuschlag neu zu beantragen.

Ob eine Familie Kinderzuschlag erhält, hängt vom Einzelfall ab. Es kommt auf Anzahl und Alter der Kinder und auch auf die Wohnkosten an. Bei einem Bruttoeinkommen im Haushalt von 1.600 bis 3.400 Euro bei Paarfamilien mit zwei Kindern und 1.300 bis 4.000 Euro bei Paarfamilien mit drei Kindern sei es wahrscheinlich, dass Anspruch auf den Kinderzuschlag bestehe, so die zuständige Familienministerin Franziska Giffey.

BEISPIEL

Das Familienministerium nennt konkrete Beispiele für den KiZ-Bezug:

- Bei einer Paarfamilie mit zwei Kindern (6 und 8 Jahre alt), die eine Warmmiete von etwa 1.000 Euro zahlt, dürfe das Bruttogehalt von rund 2.000 bis etwa 3.600 Euro brutto betragen.
- Zahlt eine Paarfamilie mit drei Kindern eine Warmmiete von etwa 1.000 Euro, darf sie von rund 1.500 bis etwa 4.200 Euro brutto verdienen. Die Kinder in diesem Beispiel sind 6, 8 und 10 Jahre alt.

Bildungs- und Teilhabepaket (BuT)

Ob Nachhilfestunden, Mitgliedschaft im Sportverein oder Schulausflüge: Das Bildungs- und Teilhabepaket unterstützt finanziell benachteiligte Kinder und Jugendliche in Schule, Ausbildung und in Freizeit. Anspruch auf diese Leistungen haben alle Kinder, für die Kinderzuschlag, Leistungen aus dem SGB II oder Wohngeld bezogen werden. Dies sind aktuell rund vier Millionen Kinder. Das Bildungs- und Teilhabepaket umfasst

- → eine Jahrespauschale für Schulbedarf in Höhe von 150 Euro,
- → einen monatlichen Betrag in Höhe von 15 Euro für Kultur- und Sportaktivitäten der Kinder, etwa für den Gitarrenunterricht oder den Fußballverein. Bisher mussten die Familien monatliche Einzelnachweise für Freizeitaktionen oder Hobbys vorlegen, nun reicht ein Nachweis für die Auszahlung der Jahrespauschale,
- → Kostenübernahme für das gemeinsame Mittagessen in Kita und Schule,
- → Kostenübernahme für die Schülerfahrkarte im Nahverkehr,
- → Kostenübernahme oder Zuschuss zur Nachhilfe. Diese kann auch dann beansprucht werden, wenn die Versetzung nicht unmittelbar gefährdet ist,
- → Kostenübernahme oder Zuschuss zu Tagesausflügen und Klassenfahrten.

→ TIPP

Das BuT-Paket kann bei Stadt, Gemeinde oder Landkreis beantragt werden. Wer im Einzelfall zuständig ist, ist dem Internetauftritt des Bundesministeriums für Arbeit und Soziales – Stichwort Grundsicherung – zu entnehmen: www.bmas.de.

BAföG

Das BAföG (Bundesausbildungsförderungsgesetz) ermöglicht Jugendlichen und jungen Erwachsenen eine Ausbildung – auch wenn die Eltern diese finanziell nicht schultern können.

Der Staat fördert so die erste Ausbildung an Akademien, berufsbildenden Schulen, Hochschulen und Kollegs über Zuschüsse und zinslose Darlehen.

Seit Sommer 2019 sind die Leistungen erweitert. Auch ein Studium an einer privaten Berufsakademie kann nun förderfähig sein. Zudem steigt der BAföG-Höchstsatz. Wer eine schulische Ausbildung absolviert, erhielt früher maximal 708 Euro. In 2020 steigt die maximale Fördersumme auf 832 Euro. Zum Wintersemester 2020/2021 wird der Höchstsatz 861 Euro betragen. Auch die Wohnzuschläge für nicht bei den Eltern Wohnende haben sich deutlich erhöht. BAföG für Schüler muss nicht zurückgezahlt werden.

Verbesserte Darlehensmodalitäten machen den Einstieg ins Berufsleben nach einem Studium planbarer. So können sich junge Menschen gezielter auf ihre schulische Ausbildung oder ihr Studium konzentrieren.

→ TIPP

Die BAföG-Leistungen werden beim zuständigen Amt für Ausbildungsförderung beantragt. Dies kann mit dem Formblatt per Post oder elektronisch geschehen. Rechtliche Grundlage ist § 46 BAföG.

Das BAföG ist ein Sozialleistungsgesetz, es tritt daher mit seinen Leistungen grundsätzlich nachrangig ein, also nach der Familie. Der Gesetzgeber geht davon aus, dass die Unterhaltsverpflichteten ihr Einkommen für die Ausbildung der Unterhaltsberechtigten einsetzen, bevor der Staat und damit die Steuerzahler zur Finanzierung beitragen (§ 1 und § 11 BAföG).

Um die individuelle Förderhöhe zu berechnen, sind also mehrere Faktoren zu ermitteln. Vom Bedarf nach BAföG werden das anrechenbare Einkommen und Vermögen des Auszubildenden abgezogen, ebenso das anrechenbare Einkommen des eventuellen Ehepartners sowie der Eltern.

Freibeträge beim BAföG

Was hier unter Einkommen zu verstehen ist, wird in den § 21ff. BAföG geregelt. Von den Einkünften werden u. a. die im Einkommensteuerbescheid festgesetzte Einkommen- und Kirchensteuer sowie eine Pauschale für die soziale Sicherung abgezogen. Hierbei sind Freibeträge zu berücksichtigen. Was bedeutet dies nun für Patchworkfamilien? Welche Kinder fließen in die Berechnung der Freibeträge mit ein?

Die Aufwendungen der Eltern für die eigene Lebensführung und für ihre unterhaltsberechtigten Kinder werden gemäß § 25 BAföG berücksichtigt. Verheiratete Eltern erhalten zusammen einen festen Grundfreibetrag in Höhe von 1.835 Euro. Sind die Eltern geschieden, so steht jedem Elternteil ein fester Grundfreibetrag von 1.225 Euro zu. In Stieffamilien erhöht sich dieser um 610 Euro für den Stiefelternteil. Bei Patchworkfamilien ohne Trauschein ist dies nicht möglich. In den Genuss des zusätzlichen Freibetrags in Höhe von 610 Euro kommen nur miteinander Verheiratete.

Kinder im gemeinsamen Haushalt werden mit einem Freibetrag von 555 Euro pro Kind berücksichtigt. Welche Kinder in Patchworkfamilien unter diese Regel fallen, wird in § 25 Abs. 3 sowie Abs. 5 BAföG erläutert.

BAföG knüpft dabei an den Kindesbegriff an, der eheliche und uneheliche Kinder sowie Adoptivkinder umfasst. Pflegekinder und

Enkelkinder, die der Einkommensbezieher in seinen Haushalt aufgenommen hat, werden ebenfalls berücksichtigt. Auch Stiefkinder, d. h. Kinder des Ehegatten oder eingetragenen Lebenspartners, werden mitgezählt. Weitere Kinder sind in der BAföG-Regelung nicht aufgeführt – „ausdrücklich", wie das Bundesbildungsministerium auf Nachfrage betont. Damit sind in Patchworkfamilien ohne Trauschein die Kinder des neuen Partners aus der Zählung ausgeschlossen.

„Der Umstand, dass in den spezialgesetzlichen Regelungen des SGB II (z. B. bei der Beurteilung einer Bedarfsgemeinschaft) eine andere Regelung getroffen wurde, führt nicht zur deckungsgleichen Übertragung auf andere Rechtsvorschriften (hier des BAföG)", so führt das Bundesbildungsministerium weiter aus.

§ GESETZLICHE GRUNDLAGE

Zivilrechtlicher Unterhalt

Unterhaltsverpflichtet sind nur Verwandte in gerader Linie (§ 1601 BGB). Wenn ein Kind in einer Patchworkfamilie lebt, kommen beide leiblichen Eltern weiter für den Unterhalt auf: in Form von Pflege und Erziehung oder als Barunterhalt von dem Elternteil, mit dem das Kind nicht zusammenlebt. Eine gesetzliche Unterhaltspflicht des Stiefelternteils gegenüber dem Stiefkind besteht nicht – weder ohne noch mit Trauschein im Patchwork. Ein Elternteil muss also nur für die eigenen Kinder Unterhalt bezahlen.

Kindesunterhalt

Beim Unterhalt kann es schnell zum Konflikt zwischen dem Zahlenden und seiner neuen Patchworkfamilie kommen. Er ist gegenüber seinen Kindern aus erster Ehe unterhaltsverpflichtet. Die sogenannte Düsseldorfer Tabelle dient bundesweit als Leitlinie für den Unterhaltsbedarf. Widmet sich der Zahlende nun eventuell in seiner zweiten Ehe der Erziehung der Kinder seiner zweiten Ehefrau und der gemeinsamen weiteren Kinder, kann er das nicht unbedingt uneingeschränkt tun, da er der sogenannten Erwerbspflicht unterliegt. Es wird von ihm in der Regel verlangt, eine Erwerbstätigkeit auszuüben – falls er nicht über ausreichende anderweitige Einkünfte (z. B. Mieteinnahmen) verfügt –, um seiner Unterhaltspflicht nachzukommen.

In einer Stieffamilie kann eine wirtschaftliche Belastung allein schon dadurch entstehen, dass die neue Familie sich vergrößert: geräumigere Wohnung, höhere laufende Kosten. Daher sind Unterhaltsfragen existenziell wichtig.

Eine gesetzliche Unterhaltsverpflichtung des Stiefelternteils gegenüber seinem Stiefkind besteht nicht. Doch im Lebensalltag wird oft aus einem Topf gewirtschaftet. Der berufstätige Stiefvater zahlt für seine Stiefkinder ebenso mit, wie die berufstätige Stiefmutter für ihre.

Besonders konfliktreich kann das Spannungsfeld zwischen einem leiblichen Elternteil sein, der nicht ausreichend Unterhalt für sein Kind bezahlt, und einem Stiefelternteil, der das Stiefkind, das in seinem Haushalt lebt, mitfinanziert – oder mitbetreut und dafür womöglich im Beruf kürzertreten muss.

Unterhaltsvorschuss

Die Zahlung des Kindesunterhalts oder besser gesagt die Zahlungsweigerung des Unterhaltspflichtigen stellt Alleinerziehende immer wieder vor finanzielle Probleme. Zahlt der andere Elternteil nicht regelmäßig Kindesunterhalt, können Alleinerziehende einen Unterhaltsvorschuss beim Jugendamt beantragen.
Dieser beträgt monatlich

- für Kinder bis 5 Jahren bis zu 165 Euro,
- für Kinder von 6 bis 11 Jahren bis zu 220 Euro,
- für Kinder von 12 bis 17 Jahren bis zu 293 Euro. (Stand Januar 2020)

Mehr als 820.000 Kinder profitieren vom Unterhaltsvorschuss, so das Familienministerium (für Ende 2019). Zwar versuchen die Behörden, sich das Geld bei dem säumigen Elternteil wiederzuholen, doch damit sind sie nur mäßig erfolgreich. Von den 2,18 Milliarden Euro Unterhaltsvorschuss aus 2019 konnten nur 360 Millionen Euro wieder eingetrieben werden. „Der Unterhaltsvorschuss ist in vielen Fällen eine Ausfall-Leistung, die der Staat im Sinne und zum Wohle der Kinder übernimmt", sagt die zuständige Ministerin Franziska Giffey.

Der Unterhaltsvorschuss ist eine besondere Hilfe für Kinder von Alleinerziehenden. Alleinerziehende erziehen ihre Kinder meist unter erschwerten Bedingungen. Erhält das Kind keinen oder unregelmäßigen Unterhalt vom anderen Elternteil, so verschärft sich diese Situation noch. Diese Lebenssituation soll mit der Unterhaltsleistung nach dem Unterhaltsvorschussgesetz erleichtert werden. Hierbei gibt es keine Einkommensgrenze für den alleinerziehenden Elternteil. Auch ist keine gerichtliche Entscheidung über den Unterhalt gegen den anderen Elternteil erforderlich.

Was passiert nun, wenn der alleinerziehende Elternteil samt Kind(ern) eine neue Beziehung – inklusive gemeinsamer Wohnung – eingeht, also eine Patchworkfamilie gründet? Wird der Unterhaltsvorschuss weitergezahlt? Macht es einen Unterschied, ob das neue Paar mit oder ohne Trauschein zusammenlebt?

Der Unterhaltsvorschuss wird auch an unverheiratete Patchworkfamilien gezahlt, so erläutert das Bundesfamilienministerium.

Heiraten jedoch die neuen Partner, endet der Anspruch auf den Unterhaltsvorschuss.

Denn dann entspanne sich in den meisten Fällen die Lage des Alleinerziehenden, erläutert das Bundesfamilienministerium. Und weiter: „Zwar entsteht für den Stiefelternteil, also den neuen Ehepartner – außer im Falle der Adoption des Kindes – keine Unterhaltspflicht. Aber der Gesetzgeber hat zur Begründung des Ausschlusses der Leistungen bei (Wieder-)Heirat angeführt, dass sich in diesem Fall zwar nicht die unterhaltsrechtliche, wohl aber die faktische Gesamtlage verbessere. Das Kind sei nunmehr in eine „vollständige" Familie eingebettet und nehme im Allgemeinen auch an deren sozialen Stand teil. Der Stiefelternteil übernimmt zumindest in der Regel einen Teil der Betreuung. Bei (Wieder-)Heirat verbessert sich außerdem für den zuvor alleinerziehenden Elternteil – nicht immer tatsächlich, aber dem Grunde nach – die Situation hinsichtlich des eigenen Lebensunterhalts, da zwischen den Eheleuten grundsätzlich eine gegenseitige Unterhaltspflicht besteht. Der Stiefelternteil kann – im Gegensatz zu einem neuen, nicht ehelichen Lebensgefährten – eigene finanzielle Vorteile aufgrund des Stiefkindes haben, wie zum Beispiel den Zählkindvorteil beim Kindergeld und Steuererleichterungen."

Beim Unterhaltsvorschuss wird eine andere Auffassung vertreten als bei der Einstandspflicht.

Einstandspflicht

Gründen Alleinerziehende mit einem neuen Partner eine Patchworkfamilie, so laufen sie Gefahr, Ansprüche auf Leistungen nach dem Sozialgesetzbuch (SGB II) für sich und ihre Kinder zu verlieren. Denn Vermögen und Einkommen des einen Patchworkpartners werden auf den Bedarf des anderen angerechnet. Es besteht also eine Einstandspflicht – es wird angenommen, dass der neue Partner für seine neue Familie einsteht, also sorgt – auch ohne Trauschein.

Diese Einstandspflicht erstreckt sich auch auf die Kinder des Partners, wenn diese beispielsweise nicht durch Unterhaltsleistungen des abwesenden Elternteils versorgt werden. Es wird also sozialrechtlich von einer gegenseitigen Unterstützung innerhalb einer Patchworkfamilie ausgegangen – auch und obwohl zivilrechtlich keine Unterhaltsverpflichtungen gegenüber nichtehelichen Partnern und deren Kindern bestehen.

In den vergangenen Jahren hat der Gesetzgeber im SGB II die finanzielle Solidarität auf Paar- und Haushaltsebene verstärkt eingefordert. Dies führt zu starken Unterschieden zwischen privatrechtlichen Unterhaltspflichten und sozialrechtlichen Einstandspflichten, was durchaus kritisch gesehen werden kann. Darf gegenseitige Hilfsbereitschaft per Gesetz unterstellt werden, wenn es um die Sicherung des individuellen Existenzminimums geht?

§ GESETZLICHE GRUNDLAGE

Die Lücke zwischen privatrechtlichen Unterhalts- und sozialrechtlichen Einstandspflichten

Bis zum 31. Juli 2006 war die Einstandspflicht „patchwork-freundlicher": Beim Zusammenleben eines Elternteils in einer eheähnlichen Partnerschaft waren für den Bedarf des Kindes nur Einkommen und Vermögen seines Elternteils anzurechnen. Zum 1. August 2006 wurde jedoch eine neue Einstandspflicht für die Kinder des Partners oder der Partnerin in der Bedarfsgemeinschaft begründet (§ 9 Abs. 2 Satz 2 SGB II).

Zudem wurde die Vermutung des gegenseitigen Einstandswillens bei nichtehelichen Paaren, die zusammenleben, eingeführt. Damit wurde der Beweis erleichtert, dass es sich um eine sogenannte eheähnliche Gemeinschaft handele, bei der dann eben umfassende Einstandspflichten greifen. Diese Vermutungsregelung des § 7 Abs. 3a SGB II zählt Indizien auf, bei denen eine eheähnliche Einstandsgemeinschaft vorliegt. So ist der Wille zum gegenseitigen Einstehen anzunehmen, wenn Menschen

1. länger als ein Jahr zusammenleben,
2. mit einem gemeinsamen Kind zusammenleben,
3. Kinder oder Angehörige im Haushalt versorgen oder
4. über Einkommen oder Vermögen des anderen verfügen dürfen.

Wenn also Alleinerziehende mit neuen Partnern zusammenziehen, greift sofort – und nicht wie bei nichtehelichen Paaren ohne Kinder erst nach einem Jahr – die Vermutung der Einstandspflicht (§ 7 Abs. 3a SGB II), weil Kinder im Haushalt versorgt werden.

Die Einstandspflicht für die Kinder des Partners ist unwiderlegbar. Um also den Anspruch des Kindes auf eine Sozialleistung zu begründen, wären radikale Änderungen nötig: Ende der Partnerschaft oder Auszug des Kindes aus dem gemeinsamen Haushalt. Die Einstandspflichten umfassen die Anrechnung von Einkommen und Vermögen (§ 9 Abs. 2 Satz 1, 2 SGB II) auf den Bedarf der anderen Haushaltsmitglieder.

Der 14. Senat des Bundessozialgerichts (BSG, B 14 AS 2/08 R) hat zudem betont, dass zuerst der Ehegatte oder Partner in Anspruch genommen werden müsse, bevor staatliche Leistungen gewährt werden (Grundsatz der Subsidiarität). Es sei die Pflicht des leiblichen Elternteils, für die Sicherstellung des Existenzminimums des Kindes zu sorgen. Der Elternteil muss, wenn aus einem Topf gewirtschaftet wird, die Belange des Kindes ausreichend schützen und so seiner Pflicht zur elterlichen Sorge nachkommen.

Für Patchworkfamilien heißt das: Der Elternteil muss dafür sorgen, dass die finanziellen Mittel in der Patchworkfamilie zugunsten seines minderjährigen Kindes verteilt werden. Diese Pflicht ergibt sich aus § 9 Abs. 1 und Abs. 2 SGB II und stellt laut BSG eine zulässige Konkretisierung der Verantwortung von Eltern für ihr Kind dar (laut Grundgesetz Art. 6 Abs. 2 Satz 1 GG).

Sollte der neue Partner nicht bereit sein, das Kind zu versorgen – und damit die Elternverantwortung des anderen zu akzeptieren –, so vertraut der Gesetzgeber darauf, dass dieser Konflikt innerhalb der Bedarfsgemeinschaft ausgetragen wird. Hierbei wird auch in Kauf genommen, dass die Partnerschaft deswegen beendet wird. Dies sei zwar sozialpolitisch nicht wünschenswert, stelle aber kein verfassungsrechtliches Problem dar, so das Bundessozialgericht.

In Patchworkfamilien kann diese Sichtweise durchaus Kopfschütteln auslösen. Auch die weitere Schlussfolgerung des Bundessozialgerichts ist nicht unumstritten: Der Elternteil muss also die Versorgung des eigenen Kindes durch den neuen Partner sicherstellen. Wo das nicht gelinge, müsse über familiengerichtliche Eingriffe in das Elternrecht das Kindeswohl gesichert werden, so das BSG.

Doch ist es sinnvoll, dass der Gesetzgeber einen Regelfall unterstellt – der neue Partner zahlt für das Kind –, ohne überhaupt repräsentative empirische Erkenntnisse hierzu zu haben? Hängt nicht die Bereitschaft zum Einstehen auch stark von den wirtschaftlichen Verhältnissen des neuen Partners ab, von eventuellen Schulden, weiteren möglichen Unterhaltspflichten – und auch von der Beziehung zu dem hinzugekommenen Kind?

Das BSG stellt also hohe Anforderungen an beide Partner: Der eine soll für ein Kind zahlen, das nicht sein eigenes ist. Und der andere soll diese Zahlung einfordern, obwohl der neue Partner eigentlich keine zivilrechtliche Unterhaltspflicht hat, da keine Verwandtschaft besteht.

→ **Fazit:** Freiwilliger Unterhalt im Rahmen der Einstandspflicht ist Teil der sozialen Realität von Patchworkfamilien, erfolgt aber auf unsicherer rechtlicher Basis. Im Ergebnis anerkannt ist nur, dass der Leistende diesen freiwilligen Unterhalt nicht zurückfordern kann (vgl. § 814, 1360b, 1624 BGB).

Nach Ansicht des Verbands alleinerziehender Mütter und Väter (VAMV e. V.) wirft der Gesetzgeber hier jedoch zugleich mehrere Vermutungen in den einen Topf, aus dem gewirtschaftet werden soll: „Erstens, dass Partner/innen von Lebensgemeinschaften finanziell füreinander einstehen wollen, zweitens, dass beide Partner/innen in fairer Weise über die Ausgaben entscheiden und drittens, dass sich der vermutete Einstandswille von zusammenlebenden Partner/innen auch auf in die Beziehung ‚mitgebrachte' Kinder erstreckt."

Diese Vermutungen des Gesetzgebers würden nach Ansicht des Verbands alleinerziehender Mütter und Väter der empirischen Grundlage entbehren und auch nicht durch die allgemeine Lebenserfahrung legitimiert.

So stellt der VAMV die Überlegung an, dass einige Patchworker vielleicht gerade ganz bewusst (erst einmal) nicht heiraten wollen, um zunächst das Zusammenleben zu testen – schließlich haben sie ja schon eine gescheiterte Beziehung hinter sich gebracht. Erst wenn das „Zusammenleben harmonisch (auch in finanziellen Angelegenheiten)" verlaufe, werde an eine Heirat gedacht. Ein betreuender Elternteil wird auch ausprobieren wollen, ob das Kind mit dem neuen Lebenspartner zurechtkommt, bevor geheiratet wird.

Falls der neue Partner nicht zahlt, müsste nach BSG-Logik der Elternteil die Beziehung beenden, muss er doch fürchten, dass das Familiengericht eingeschaltet wird und seine Elternrechte beschneidet.

Dies kann zu Konflikten führen bzw. diese verschärfen. Gerade Alleinerziehende, die in früheren Beziehungen Abhängigkeiten erlebt und mit der Trennung überwunden haben, könnten sich beim Zusammenziehen mit einem neuen Partner dem Risiko finanzieller Abhängigkeit ausgesetzt sehen. Das Gefühl „auf der Tasche zu liegen" kann die Gründung einer Patchworkfamilie vor allem für alleinerziehende Mütter erschweren.

Kann das im Sinne des Gesetzgebers sein? Dieser hat die Reform des Unterhaltsrechts 2008 auch damit begründet, dass die Gründung von Zweitfamilien durch die Unterhaltsverpflichteten – überwiegend Väter – erleichtert werden sollte. Doch erklärt sich der Staat im Sozialrecht mit dem Argument der neuen Partnerschaft für nicht verantwortlich für den Unterhalt eines Kindes, falls der leibliche abwesende Elternteil nicht dafür herangezogen werden kann. Und dies ist oft der Fall: Rund 820.000 Kinder erhalten keinen oder unregelmäßigen Unterhalt vom leiblichen Elternteil, obwohl er ihnen zustehen würde.

Pfändung – Wie wird das pfändbare Einkommen berechnet?

Nochmal anders werden Patchworkfamilien behandelt, wenn es um das pfändbare Einkommen geht. Falls der neue Patchworkpartner in die Pfändung rutscht, so wird er pfändungsrechtlich als Alleinstehender behandelt, obwohl er nach sozialrechtlichen Kriterien für seine Mitbewohner zahlen muss.

Das heißt: Bislang sind die Mitglieder einer sozialrechtlichen Bedarfsgemeinschaft nicht pfändungsrechtlich als in vollem Umfang unterhaltsberechtigt anerkannt. Zwar hat das Landgericht Braunschweig diese faktische Unterhaltspflicht bei der Berechnung des pfändbaren Einkommens bejaht (LG Braunschweig 13. Dezember 2016, 6 T 691/16), doch der BGH hat mit Beschluss vom 19. Oktober 2017 – IX ZB 100/16 entschieden: „Der

Pfändungsfreibetrag ist nicht deshalb zu erhöhen, weil der Schuldner mit einer nicht unterhaltsberechtigten Person in einer sozialrechtlichen Bedarfsgemeinschaft zusammenlebt und diese wegen Zurechnung seines Einkommens nicht hilfebedürftig ist."

Aktuell wird die Gesetzeslage zum Pfändungsschutz überarbeitet, doch ist bislang eine Ausweitung der Pfändungsschutzvorschrift bei faktischer Unterhaltspflicht nicht erfolgt.

Das bedeutet: Wenn Schuldner mit Partnern und deren Kindern zusammenleben, so müssen sie sozialrechtlich für diese mit ihrem Einkommen und Vermögen einstehen. Sie bilden eine sozialrechtliche Bedarfsgemeinschaft. Weil also Einkommen und Vermögen berücksichtigt werden, wirkt sich dies auf mögliche Sozialleistungen aus.

BEISPIEL 1

Irina zieht mit ihrer Tochter zu ihrem neuen Partner Peter, der selbst kinderlos ist. Irina erhält Arbeitslosengeld II (ALG II, auch „Hartz IV" genannt). Das Einkommen von Peter wird nun bei der Höhe ihrer Sozialleistungen angerechnet. Diese sinken aufgrund der Anrechnung oder werden gar ganz gestrichen.

Im Fall einer Pfändung jedoch wird der Schuldner so behandelt, als bestehe diese Verpflichtung nicht. Daraus folgt gegebenenfalls, dass das Existenzminimum der Bedarfsgemeinschaft wegen der gepfändeten Beträge nicht mehr gesichert ist.

„In der Patchworkfamilie werden also Personen, für die nach dem Sozialrecht eine

BEISPIEL 2

Peter kann seine Darlehensverpflichtungen nicht mehr bedienen. Daher wird er gepfändet. Er zählt als alleinstehend, sodass ihm ein Pfändungsfreibetrag des Nettolohns von 1.179,99 Euro bleibt. Würden Irina und deren Tochter als unterhaltsberechtigte Personen berücksichtigt werden, so läge sein Pfändungsfreibetrag bei 1.869,99 Euro.

Einstandspflicht besteht, nicht als pfändungsrechtlich unterhaltsberechtigt eingestuft. Dies ist auch unabhängig davon, wie lange die Patchworkfamilie schon als Bedarfsgemeinschaft besteht", sagt Sally Peters, Direktorin des Instituts für Finanzdienstleistungen e. V. (iff) aus Hamburg.

Hier gibt es dringend Reformbedarf, um die gesetzlichen Vorschriften an die tatsächlichen Gegebenheiten anzupassen. „Die Mitglieder einer sozialrechtlichen Bedarfsgemeinschaft sollten unbedingt endlich pfändungsrechtlich in vollem Umfang als unterhaltsberechtigt anerkannt werden", fordert Peters.

Hierzu müsste die Zivilprozessordnung (§ 850f Abs. 1 ZPO) angepasst werden.

§ GESTETZLICHE GRUNDLAGE

Pfändungsfreibeträge

Schuldner können stets einen bestimmten Betrag behalten. Die sogenannte Kahlpfändung ist verboten, also die Pfändung aller erreichbarer Habe des Schuldners mit der Folge, dass diesem nicht einmal mehr das Lebensnotwendige verbleibt. So bestimmt die Zivilprozessordnung in §§ 811, 850ff., dass verschiedene Sachen und Rechte unpfändbar sind.
Nur im bestimmten Umfang ist das Arbeits- oder Sozialeinkommen pfändbar. In der Pfändungstabelle sind diese Freigrenzen festgelegt. Sie richten sich nach dem Nettolohn sowie nach der Anzahl der unterhaltsberechtigten Personen. Diesen Betrag können Schuldner behalten, wenn sie sich in einer Pfändung, Zwangsvollstreckung oder Privatinsolvenz befinden. Die Pfändungsfreibeträge werden alle zwei Jahre aktualisiert. Die jeweils gültige Tabelle wird als Anlage zu § 850c Absatz 2a ZPO (Zivilprozessordnung) vom Bundesministerium für Justiz und Verbraucherschutz herausgegeben und ist auf der Homepage **www.bmjv.de** in der Stichwortsuche unter „Pfändungsfreigrenzen für Arbeitseinkommen" zu finden.
Kindergeld und Kindesunterhalt sind übrigens pfändungsfrei, da sie allein für das Kind gedacht sind.

Die Arbeitsgemeinschaft Schuldnerberatung der Verbände (AG SBV) empfahl daher im November 2019 ein Ergänzung zu § 850f ZPO Abs. 1 lit. a ZPO „(...) für sich oder für die Personen, denen er gesetzlichen Unterhalt zu gewähren hat oder denen gegenüber er aufgrund des § 9 Abs. 2 Sätze 1 und 2 SGB II oder §§ 20, 39 Satz 1 SGB XII einstandspflichtig ist, nicht gedeckt ist."

Im Juni 2020 hat die Bundesregierung einen Gesetzesentwurf vorgelegt, in dem auch die Vorschriften des Pfändungsschutzes thematisiert werden (Bundestag Drucksache 19/19850). Die Gesetzgebung war bei Drucklegung dieses Buches nicht abgeschlossen.

Die AG SBV besteht aus folgenden Mitgliedern: Arbeiterwohlfahrt, Caritas, Bundesarbeitsgemeinschaft Schuldnerberatung, Der Paritätische, Deutsches Rotes Kreuz, Diakonie Deutschland sowie Verbraucherzentrale Bundesverband.

Prozesskostenhilfe

Bei der Prozesskostenhilfe liegt der Fall wiederum anders. Hier können in der Zivilprozessordnung (§ 115 ZPO) sehr wohl solche Einstandspflichten berücksichtigt werden. Darauf weist die AG SBV hin.

So kann das einzusetzende Einkommen der betroffenen Person um eine „besondere Belastung" reduziert werden, wenn es bei der Bestimmung des sozialhilferechtlichen Bedarfs der nicht unterhaltsberechtigten Personen berücksichtigt wurde (OLG Frankfurt a. M. 5 WF 107/15 vom 28. April 2015).

Sparpotentiale nutzen

Wenn ein Paar zusammenzieht und eine Patchworkfamilie bildet, dann ist es sinnvoll, die Versicherungen abzugleichen. Gemeinsame Verträge lohnen sich in den Bereichen Hausrat, Haftpflicht, Rechtsschutz und bei der Auslandskrankenversicherung. Doch was ist bei der Lebensversicherung zu beachten?
Vor allem für unverheiratete Patchworker ist eine Vertragskonstellation sinnvoll, in der möglichst keine Erbschaftsteuer anfällt. Hier erfahren Patchworker zudem, ob sie für das Baukindergeld verheiratet sein müssen, wer Zulagen in der Riesterrente erhält und was sie bei der Steuererklärung beachten können.

Versicherungen

Verträge durchforsten – was ist doppelt? Wenn ein Paar eine Patchworkfamilie gründet, ist es an der Zeit, die Versicherungen zu überprüfen.

Gemeinsame Verträge sind beispielsweise sinnvoll in den Bereichen Hausrat, Haftpflicht, Rechtsschutz und oft bei der Auslandskrankenversicherung. Hierbei ist es unerheblich, ob die beiden mit oder ohne Trauschein zusammenleben.

Als individuelle Versicherungen bleiben bestehen: Krankenversicherung, Kfz-Versicherung (pro Fahrzeug), Risikolebensversicherung und der Schutz gegen Berufsunfähigkeit.

Haftpflichtversicherung

Wenn zwei Partner eine Patchworkfamilie mit gemeinsamem Hausstand gründen, so wird nur eine Haftpflichtpolice benötigt. Falls beide Partner über eine eigene Versicherung verfügen, kann der zuletzt abgeschlossene Vertrag mit sofortiger Wirkung gekündigt werden. Die bestehende Versicherung wird dann in einen Familienvertrag gewandelt.

Dies ist preislich oftmals deutlich günstiger als zwei separate Verträge, hat aber einen kleinen Haken: Gegenseitige Schadensersatzansprüche der beiden Partner werden durch eine gemeinsame Haftpflichtpolice nicht abgedeckt. Kinder, die zwar im Rahmen des Umgangsrechts im Haushalt sind, aber vorwiegend bei dem Ex-Partner leben, sollten auch über diesen versichert sein.

Hausratversicherung

Auch bei der Hausratversicherung ist eine Police ausreichend. Allerdings sollten die Partner darauf achten, dass die im Vertrag genannte Versicherungssumme noch stimmt, denn die Neuankömmlinge bringen ihre Sachen mit, der Hausstand erweitert sich also. Auch bei einem gemeinsamen Umzug in eine größere Wohnung sollte der versicherte Betrag an den Wert des Hausrats angepasst und auch die Quadratmeterzahl entsprechend geändert werden.

Lebensversicherung

Wer bereits eine Lebensversicherung hat, sollte überprüfen, wer als Begünstigter eingetragen ist. Ist dort noch der Ex-Partner vermerkt und ist das nicht länger gewollt, so sollte dies umgehend geändert werden.

Lebensversicherung im Erbfall

Wenn der Erblasser eine Lebensversicherung hat, in der kein Bezugsberechtigter angegeben ist, so fällt die Versicherungssumme in den Nachlass.

! ACHTUNG

Ehepartner ≠ Ehepartner

Wer in der Lebensversicherung als begünstigte Person „verwitweter Ehegatte" angegeben hat, muss sich darüber im Klaren sein, dass sich das nicht unbedingt auf den aktuellen Ehepartner bezieht. Vielmehr hat der Bundesgerichtshof (BGH) entschieden, dass damit die Person gemeint ist, die zum Zeitpunkt der Bezugsrechtserklärung mit dem Versicherungsnehmer verheiratet gewesen ist (BGH IV ZR 437/14 vom 22. Juli 2015). Wurde die Erklärung also abgegeben, als der Versicherungsnehmer mit seinem vorherigen Partner verheiratet war, so erhält dieser Ex-Partner die Zahlung.

GUT ZU WISSEN

„Who is who“ bei der Lebensversicherung

Bei Lebensversicherungen unterscheidet man den Beitragszahler, den Versicherungsnehmer, die versicherte Person und den Bezugsberechtigten.

- Beitragszahler: Der Versicherungsnehmer ist zur Beitragszahlung verpflichtet, muss jedoch nicht unbedingt selbst zahlen. Dies kann auch eine andere Person übernehmen.
- Bezugsberechtigter: Im Versicherungsfall erhält der Bezugsberechtigte die Leistung aus der Versicherung. Wer bezugsberechtigt ist, entscheidet der Versicherungsnehmer.
- Versicherte Person: Für diese Person gilt der Versicherungsschutz. Sie kann gleichzeitig der Versicherungsnehmer sein. Aber auch Dritte können als versicherte Personen eingesetzt werden. Bei der Risikolebensversicherung beispielsweise ist die versicherte Person diejenige, bei deren Tod die Versicherungsleistung anfällt.
- Versicherungsnehmer: Diese Person schließt den Vertrag ab und ist damit Inhaber der Versicherung. Sie erhält den Versicherungsschein. Alle Rechte und Pflichten des Vertrags liegen bei ihr.

Wenn der Versicherungsnehmer einer privaten Lebens- oder Rentenversicherung stirbt, könnte sein im Vertrag benannter Ex-Partner die Hinterbliebenenleistung erhalten, wenn der neue Partner als Begünstigter nicht eingetragen ist. Eine schriftliche Mitteilung an den Versicherer reicht aus, dieser sollte die Änderung schriftlich bestätigen.

Ist in der Versicherungspolice jedoch eine begünstigte Person für den Todesfall vorgegeben, so gehört die Zahlung der Lebensversicherung an den Begünstigten nicht zum Nachlass. Der Versicherer ist im Todesfall zur direkten Leistung an diesen Begünstigten verpflichtet. Dies ergibt sich aus § 159 VVG. So lassen sich Zuwendungen an bestimmte Personen erhöhen.

Aber: Im Verhältnis zu den Erben liegt dann eine Schenkung vor. Diese Schenkung löst Pflichtteilsergänzungsansprüche aus („Pflichtteile“, → Seite 168).

Risikolebensversicherung „über Kreuz“

Für unverheiratete Patchworker sind Leistungen aus einer Risikolebensversicherung erbschaftsteuerpflichtig, wenn der Freibetrag von 20.000 Euro ausgeschöpft ist. Bei Ehepaaren hingegen liegt der Freibetrag bei 500.000 Euro.

Daher ist vor allem für unverheiratete Patchworkpartner eine Vertragskonstellation sinnvoll, in der möglichst keine Erbschaftsteuer anfällt. Dies kann erreicht werden, indem man sich „über Kreuz“ versichert, ein Partner den jeweils anderen also über seinen Vertrag versichert.

BEISPIEL

Über Kreuz

Die Patchworkeltern Estelle und Fernando leben ohne Trauschein zusammen. Sie möchten sich über eine Risikolebensversicherung gegenseitig absichern und im Leistungsfall keine Erbschaftsteuer zahlen. Estelle schließt einen Vertrag ab, in dem sie Versicherungsnehmerin und Bezugsberechtigte ist. Sie zahlt auch die Beiträge. Fernando ist die versicherte Person. Er schließt auch einen Vertrag ab. In diesem ist er Versicherungsnehmer, Beitragszahler und Bezugsberechtigter. Versicherte Person ist Estelle. Wenn nun Fernando stirbt, so wird die Leistung an Estelle gezahlt. Da sie aber als Versicherungsnehmerin ihre eigene Versicherungsleistung bekommt, findet kein Erbvorgang statt. Damit bleibt die Auszahlung erbschaftsteuerfrei.

Krankenversicherung

Können Kinder auch beim Stiefelternteil mitversichert werden? In der gesetzlichen Krankenversicherung sind nur die leiblichen Kinder mitversichert, Stiefkinder nicht. Ein Kind bleibt auch nach Trennung der Eltern bei dem (leiblichen) Elternteil mitversichert, bei dem es bisher versichert war.

Riester-Rente

Die Riester-Rente als staatlich geförderte Zusatzrente, die privat finanziert wird, kann vor allem durch hohe Kinderzulagen interessant werden. Doch wer erhält eigentlich diese Zulagen in einer Patchworkfamilie?

Laut § 85 des Einkommensteuergesetzes (EStG) erhält derjenige die Kinderzulage, der auch das Kindergeld bekommt. Sind die Patchworkeltern miteinander verheiratet, so werden sie als eine Familie betrachtet. Die Kinderzulage wird der Mutter zugeordnet, auf Antrag beider Eltern dem Vater.

Ist einer von beiden in der gesetzlichen Rentenversicherung pflichtversichert, kann dieser einen Riestervertrag abschließen (unmittelbar zulageberechtigt). Durch die Heirat wird der Ehepartner zum mittelbaren Berechtigten, er darf dadurch einen eigenen Riestervertrag abschließen.

Leben die Patchworkeltern hingegen ohne Trauschein zusammen, so werden sie getrennt betrachtet. Die Kinderzulage kann derjenige beanspruchen, der auch das Kindergeld bezieht. In der Regel ist das die Mutter. Wenn beide Patchworkpartner nun in der gesetzlichen Rentenversicherung pflichtversichert sind, so ist das unproblematisch. Sie können beide unabhängig voneinander riestern.

BEISPIEL

Kinderzulage

Stefan und Martha bilden eine Patchworkfamilie zusammen mit Marthas Tochter Agnes und dem gemeinsamen Sohn Jakob. Martha erhält das Kindergeld. Sie arbeitet als selbstständige Kosmetikerin, verdient rund 20.000 Euro im Jahr. Stefan ist bei einer Fondsgesellschaft angestellt (65.000 Euro). Martha könnte neben der Grundzulage die beiden Kinderzulagen erhalten und damit auf eine sehr hohe Förderquote kommen. Doch sie kann als Selbstständige nicht riestern. Da Stefan und Martha nicht verheiratet sind, kann sie auch nicht über Stefan mittelbar berechtigt werden. Wenn also eine Heirat für beide keine Option ist, könnten sie überlegen, den Kindergeldbezug für den gemeinsamen Sohn Jakob zu ändern. Erhält Stefan das Kindergeld für Jakob, so könnte er zumindest diese Kinderzulage in seinem Riestervertrag beantragen.

Doch falls jemand nicht entsprechend versichert ist, kann er keinen Zugang über den Partner bekommen. Erhält nun der nicht Pflichtversicherte das Kindergeld, so kann der Riesterberechtigte keine Zulagen beantragen.

Baukindergeld

Das Baukindergeld ist ein Zuschuss für den Ersterwerb von selbstgenutztem Wohneigentum für Familien mit Kindern aus Mitteln des Bundes. Er beträgt pro Kind und Jahr 1.200 Euro über zehn Jahre. In Bayern wird dieser Betrag noch um 300 Euro erhöht.

Beim Baukindergeld ist es wiederum unwichtig, ob die Patchworkeltern miteinander verheiratet sind oder nicht. Hier gelten in Bezug auf das Kind laut Kreditanstalt für Wiederaufbau (KfW) folgende Voraussetzungen:

Das Kind muss minderjährig sein und im Haushalt mit dem Antragsteller wohnen. Dieser wiederum ist kindergeldberechtigt oder lebt mit dem Kindergeldberechtigten in einem Haushalt – egal, ob mit oder ohne Trauschein.

Für jedes Kind kann nur einmalig eine Förderung beantragt werden. Kinder, die erst nach Antragseingang geboren bzw. in den Haushalt aufgenommen werden, können beim Baukindergeld nicht berücksichtigt werden. Die Förderung endet spätestens, wenn auch das Kindergeld ausläuft („Kindergeld“, → Seite 86).

GUT ZU WISSEN

Baukindergeld gibt es für Familien, die zwischen dem 1. Januar 2018 und 31. Dezember 2020 eine Immobilie zur Selbstnutzung kaufen oder bauen. Entscheidend ist bei Neubauten das Datum der Baugenehmigung, beim Kauf die Unterzeichnung des Kaufvertrags. Der Antrag ist spätestens sechs Monate nach Einzug, aber nicht länger als bis zum 31. Dezember 2023 zu stellen.

→ Siehe dazu auch das Merkblatt der KfW unter **www.kfw.de**, Stichwort Baukindergeld.

Steuern

Geld vom Finanzamt – bei der Steuererklärung können Patchworker einiges beachten. Verheirateten Patchworkern stehen dieselben Erleichterungen zu, wie auch Erstfamilien mit Trauschein: Ehegattensplitting etc. Diese werden als bekannt vorausgesetzt und daher nicht näher erläutert.

Nicht verheiratete Patchworker dürfen allerdings nicht die Entlastungen für Alleinerziehende nutzen. Auch hier zeigt sich die inkohärente Behandlung dieser Familienkonstellation. So gewährt der Staat durchaus Unterhaltsvorschuss für Alleinerziehende, auch wenn schon eine Haushaltsgemeinschaft ohne Trauschein mit einem neuen Partner besteht. Steuerrechtlich sieht das jedoch anders aus.

Nicht verheiratete Patchworker

Kein Entlastungsbetrag für Alleinerziehende

Der Entlastungsbetrag für Alleinerziehende ist der Unterschied zwischen Steuerklasse II und I.

Das Bundesfinanzministerium stellt in einem Schreiben an die Obersten Finanzbehörden der Länder vom 23. Oktober 2017 zu diesem Thema (§ 24b EStG) fest:

„Der Entlastungsbetrag für Alleinerziehende wird gemäß § 24b Absatz 1 Satz 1 EStG Steuerpflichtigen gewährt, die alleinstehend sind und zu deren Haushalt mindestens ein Kind gehört, für das ihnen ein Freibetrag nach § 32 Absatz 6 EStG oder Kindergeld zusteht."

Wer gilt nun als alleinstehend? Alleinstehend im steuerrechtlichen Sinn sind „Steuerpflichtige, die nicht die Voraussetzungen für die Anwendung des Splitting-Verfahrens (§ 26 Absatz 1 EStG) erfüllen oder verwitwet sind und keine Haushaltsgemeinschaft mit einer anderen volljährigen Person bilden. Eine Haushaltsgemeinschaft mit einem minderjährigen Kind ist stets unschädlich."

Laut Finanzministerium liegt steuerrechtlich eine Haushaltsgemeinschaft mit einer anderen volljährigen Person vor, wenn der Steuerpflichtige und die andere Person in der gemeinsamen Wohnung gemeinsam wirtschaften.

Hierbei sei es sogar unerheblich, ob der Steuerpflichtige und die andere Person in besonderer Weise materiell (Unterhaltsgewährung) und immateriell (Fürsorge und Betreuung) verbunden sind. Es muss noch nicht einmal eine Paarbeziehung zwischen den beiden Erwachsenen vorliegen. Das Bundesfinanzministerium führt als fiktives Beispiel an: Eine Alleinerziehende lebt mit ihren minderjährigen Kindern in einem Haushalt. Ihr volljähriger Bruder zieht im August zu ihr. Sie kann daher den Entlastungsbetrag für Alleinerziehende nur zeitanteilig – also bis Ende August – in Höhe von (2.148 Euro x 8/12 =) 1.432 Euro in Anspruch nehmen.

Verheiratete Patchworker

Für die Patchworkfamilie mit Trauschein lassen sich folgende Besonderheiten hervorheben. Diese betreffen Kindergeld, Kinderfreibeträge, Zählkinder-Regelung, Vorsorgeaufwendungen, Sonderausgabenabzug.

Bezugsberechtigung von Kindergeld

Welcher Elternteil in Patchworkfamilien zum Bezug des Kindergeldes berechtigt ist, ist eine schwierige Frage, da hier Regelungen des Steuer-, Familien- und Sozialrechts zu berücksichtigen sind („Kindergeld", → Seite 86).

Freibeträge für Kinder

Eine Begriffsklärung vorweg – es gibt zwei dieser Freibeträge: Zum einen den Kinderfreibetrag. Mit ihm werden die materiellen Grundbedürfnisse des Kindes abgedeckt, sein Existenzminimum gesichert. Im Jahr 2020 beträgt er 5.172 Euro. Zum anderen den Freibetrag für Betreuungs-, Erziehungs- oder Ausbildungsbedarf (auch BEA-Freibetrag genannt), dieser beläuft sich auf 2.640 Euro.

Durch diese beiden Beträge sind alle Aufwendungen für Unterhalt, Erziehung sowie Ausbildung abgegolten, – auch wenn die tatsächlichen Aufwendungen höher sind als die Freibeträge.

Das Kindergeld ist demnach als eine Vorauszahlung auf den Steuervorteil durch die Freibeträge für Kinder zu verstehen.

Bei dauernd getrennt lebenden, geschiedenen, nicht miteinander verheirateten Eltern stehen Kinderfreibetrag und BEA-Freibetrag grundsätzlich beiden Elternteilen zur Hälfte zu. Dies gilt auch bei Verheirateten, die steuerlich getrennt veranlagt sind.

Zur steuerrechtlichen Seite informiert Dr. Christopher Arendt, Fachanwalt für Steuerrecht und Geschäftsführer der Münchener Kanzlei Acconsis:

„Der Anspruch auf Auszahlung des Kindergelds besteht auch in Patchworkfamilien nur einmal pro Kind, wobei grundsätzlich unabhängig von der leiblichen Abstammung jeder Ehegatte – d. h. auch der Stiefelternteil – zum Anspruch berechtigt sein kann. Dies ergibt sich aus § 63 Abs. 1 Nr. 1 EStG i. V. m. § 32 Abs. 1 Nr. 1 EstG. Bei (regelmäßig) mehreren Anspruchsberechtigten erfolgt die Zahlung an denjenigen, der das Kind in seinen Haushalt aufgenommen hat (§ 64 Abs. 2 S. 1 EStG).

Ob ein Kind in einen Haushalt aufgenommen worden ist, wird nach der Rechtsprechung des Bundesfinanzhofs (BFH VI R 224/98 vom 20. Juni 2001; BFH III B 36/07 vom 16. April 2008) nach folgenden Kriterien beurteilt:

- Örtliches Zusammenleben in der Familienwohnung
- Erfüllung von finanziellen Aufwendungen (Versorgung, Unterhaltsgewährung)
- Übernahme sonstiger Aufwendungen (Fürsorge, Betreuung) zugunsten des Kindes.
- Die Voraussetzungen sind insgesamt zu würdigen. Nach dem Willen des Gesetzgebers soll über diese Kriterien sichergestellt werden, dass das Kindergeld den Kindern auch tatsächlich zugutekommt.

Das Gesetz unterscheidet folglich zwischen (möglicherweise mehreren) anspruchsberechtigten Personen und einer einzigen auszahlungsberechtigten Person. Gegebenenfalls kommt es zu internen Ausgleichsansprüchen. Der Ausgleich zwischen mehreren Anspruchsberechtigten erfolgt dann durch die Anrechnung des Kindergelds auf den Kindesunterhaltsbedarf nach § 1612b BGB.

Im Einzelfall kann die Entscheidung, welche Person auszahlungsberechtigt ist, sehr komplex sein. Das gilt insbesondere bei Patchworkfamilien, in denen die Kinder regelmäßig engen Kontakt zu beiden leiblichen Eltern halten und damit faktisch in beiden Haushalten leben. Im Zweifelsfall (wenn zwischen den Eltern keine Einigung getroffen wird) entscheidet gemäß § 64 Abs. 2 S. 3 EStG das Familiengericht.“

§ GESETZLICHE GRUNDLAGE

Welche Kinder sind gemeint?

Hier heißt es für Patchworkfamilien: Achtung! Denn welches Kind wird wie berücksichtigt? Dies ist bei den Zahlkindern anders geregelt als bei den Zählkindern – und bei den Freibeträgen nochmals abweichend. Kurz gesagt:

- Zahlkind: leibliches/adoptiertes Kind, Stiefkind; lebt im Haushalt
- Zählkind: leibliches/adoptiertes Kind, Stiefkind; muss nicht im Haushalt leben
- Kind für Freibetrag: leibliches/adoptiertes Kind; muss nicht im Haushalt leben

Kindergeld kann es für Stiefkinder geben – Freibeträge in der Regel aber nicht. Doch es gibt Ausnahmen, wie Steueranwalt Arendt betont: „Eine Übertragung der Kinderfreibeträge gemäß § 32 Abs. 6 S. 10 EStG ist beim Vorliegen der allgemeinen Übertragungsvoraussetzungen auch auf den Stiefelternteil möglich, wenn dieser das Kind in seinen Haushalt aufgenommen hat oder gegenüber dem Kind unterhaltspflichtig ist. Die Übertragung wirkt sich neben den Freibeträgen auf sonstige einkommensteuerliche Steuerentlastungen, beispielsweise den Prozentsatz der zumutbaren Belastungen nach § 33 Abs. 3 EStG, die Ausbildungsfreibeträge nach § 33a Abs. 2 EStG, aus."

Zu den allgemeinen Übertragungsvoraussetzungen nach § 32 Abs. 6 S. 6 EStG: Der Kinderfreibetrag kann auf Antrag auf einen Elternteil übertragen werden, wenn der andere Elternteil seiner Unterhaltsverpflichtung nicht nachkommt oder mangels Leistungsfähigkeit nicht unterhaltspflichtig ist und der beantragende Elternteil seinen Unterhaltsverpflichtungen nachkommt.

„Zählkindervorteil" nutzen

Das Kindergeld ist nach der Reihenfolge der Geburten gestaffelt. Für die ersten beiden Kinder werden 204 Euro ausgezahlt, für das dritte 210 Euro und ab dem vierten 235 Euro. Nähere Informationen finden sich unter „Kindergeld" ab → Seite 86.

Vorsorgeaufwendungen

Der Elternteil, der die Vorsorgeaufwendungen des Kindes tatsächlich trägt, kann diese auch steuermindernd in seiner Einkommensteuererklärung berücksichtigen. Der steuerliche Abzug setzt also die wirtschaftliche Belastung des Elternteils mit diesen Beiträgen voraus.

Es ist insoweit irrelevant, bei welchem Elternteil das Kind lebt.

Sonderausgabenabzug

Sonderausgaben können mit zwei Drittel der tatsächlichen Kosten – maximal jedoch 4.000 Euro – pro Kind und pro Kalenderjahr geltend gemacht werden. So sind beispielsweise Aufwendungen des Elternteils für Beiträge zur Kranken- und Pflegeversicherung, bei denen das Kind Versicherungsnehmer ist, von dem Elternteil als Sonderausgaben ansetzbar.

→ TIPP

Kontrollieren Sie die Höhe des Abzugs in Ihren Steuerunterlagen, fragen Sie beim Finanzamt nach. Ohne Mitteilung wird das Finanzamt davon ausgehen, dass der Sonderausgabenabzug beiden Elternteilen zur Hälfte zusteht.

GUT ZU WISSEN

Wichtig ist: Der Steuerpflichtige muss die Aufwendungen selbst getragen haben. Nur dann kann er den Sonderausgabenabzug nutzen. Ob er dabei finanziell unterstützt worden ist – beispielsweise, weil die Großeltern Geld überweisen – ist unerheblich.
Sind die Eltern getrennt lebend oder schon geschieden, so kann derjenige den Abzug angeben, der auch die Kosten bezahlt hat.

Lebensabend absichern

Nicht nur wegen der horrenden Kosten, auch weil sie selbstbestimmt in vertrauter Umgebung leben möchten, werden die meisten Pflegebedürftigen zu Hause versorgt. Oft kümmern sich Angehörige. Sie werden vom Staat finanziell entlastet. Pflegegeld, Pflegehilfsmittel, Entlastungsbetrag, Umbaumaßnahmen, Pflegekurse – was können Patchworker beantragen, was müssen sie beachten?

Am Lebensabend werden noch weitere Themen wichtig: Wie hält es die gesetzliche Rentenversicherung mit Patchworkern? Wie steht es mit Vollmachten? Wer ist zur Vertretung berechtigt, wenn man nicht mehr selbst entscheiden kann? Antworten auf all diese Fragen finden Sie im folgenden Kapitel.

Kinder – ein Plus bei der gesetzlichen Rente

Kindererziehung kann die Rentenhöhe beeinflussen. Zum einen negativ: Wer wegen der Kinder beruflich kürzertritt, hat später eine geringere Rente zu erwarten. Die Erziehenden verdienen weniger, zahlen also weniger in die Rentenversicherung ein. Dadurch erwerben sie weniger Rentenpunkte, was zu reduzierten Altersbezügen führt.

Doch zum anderen kann sich Kindererziehung auch positiv auswirken: In der Rentenversicherung lassen sich Zeiten anrechnen, die dann zu einem Rentenplus führen. Hier ist zwischen Kindererziehungszeit und Kinderberücksichtigungszeit zu unterscheiden, beide werden im Folgenden erläutert. Es wird gezeigt, in welchen Konstellationen sie von Patchworkfamilien beantragt werden können.

Kindererziehungszeit

Wer bis zum dritten Geburtstag des Kindes eine Jobpause macht, muss oft keine Delle im späteren Rentenbezug befürchten. Kindererziehungszeiten sind Pflichtbeitragszeiten, für die der Bund die Beitragszahlung übernimmt. Für Kinder, die ab dem 1. Januar 1992 geboren sind, wirken sich die ersten drei Lebensjahre für den erziehenden Elternteil rentensteigernd aus. Für Kinder, die bis einschließlich 31. Dezember 1991 auf die Welt gekommen sind, nur die ersten 2,5 Lebensjahre.

Die Berechtigten werden so gestellt, als würden sie das Durchschnittseinkommen in Höhe von knapp 39.000 Euro im Jahr verdienen (Stand 2019) und auf dieser Basis Beiträge zahlen. Das heißt: Pro Jahr wird ein Entgeltpunkt auf dem Rentenkonto gutgeschrieben. Ein Jahr Kindererziehung führt zu einer monatlichen Rentenerhöhung von aktuell 34,19 Euro (West) bzw. 33,23 Euro (Ost).

Wer Kinder erzieht und nebenher arbeitet, erhält die Beiträge zusätzlich zu dem, was eingezahlt wird. Dies gilt bis zur Beitragsbemessungsgrenze. Die Kindererziehungszeiten zählen auch mit, wenn es um die Erfüllung der Wartezeiten der verschiedenen Altersruhegelder und der Erwerbsminderungsrente geht.

→ TIPP

Die Kindererziehungszeit bringt unter Umständen auch dann, wenn keine weiteren rentenrechtlichen Zeiten hinzukommen, einen Rentenanspruch. Bei heutigen Eltern und generell bei Erziehungszeiten ab 1992 kommt ein Rentenanspruch bereits für einen Elternteil mit zwei Kindern (= sechs Pflichtbeitragsjahre) zustande. Denn mit fünf Pflichtbeitragsjahren besteht bei Erreichen des regulären Rentenalters (das Schritt für Schritt auf 67 Jahre ansteigt) Anspruch auf eine kleine Altersrente. Wer also nicht in die gesetzliche Deutsche Rentenversicherung einzahlt (DRV) – beispielsweise Selbstständige –, aber zwei Kinder erzogen hat, sollte einen Antrag stellen.

Kinderberücksichtigungszeit

Doch auch in der Zeit zwischen dem dritten und zehnten Geburtstag eines Kindes können Eltern von Sonderleistungen der gesetzlichen Rentenversicherung profitieren – über die (wenig bekannten) Kinderberücksichtigungszeiten.

Wer ein Kind bis zu dessen vollendetem zehnten Lebensjahr erzieht und zudem ren-

ACHTUNG

Wann freiwillige Beiträge Sinn machen können

Rentenanspruch besteht frühestens dann, wenn insgesamt mindestens 60 Monate Pflichtbeiträge bei der DRV zusammenkommen. Wird nur ein Kind erzogen und zusätzlich keiner rentenversicherungspflichtigen Tätigkeit nachgegangen, können unter Umständen nur 36 der erforderlichen 60 Monate erreicht werden. Es besteht dann kein Rentenanspruch. Das wäre ein effektiver Verlust auf Basis des Rentenwerts 2019 in Höhe von 34,19 Euro (West) mal drei Entgeltpunkten (EP) von 102,57 Euro monatlich. Daher könnte es sinnvoll sein, auf freiwilliger Basis Beiträge an die Deutsche Rentenversicherung (DRV) zu leisten, um den Rentenanspruch zu sichern.

HINTERGRUND

Was ist eigentlich der Eckrentner?

Diese Bezeichnung wird oft gewählt, um die Standardrente zu veranschaulichen. Der Eckrentner ist eine Fiktion, eine Modell-Person mit einer erfundenen Erwerbsbiografie. Er bezieht eine Regelaltersrente und hat zuvor 45 Jahre lang Beiträge in die gesetzliche Rentenversicherung gezahlt. Hierbei hat er jedes Jahr die Höhe des Beitrags für ein Durchschnittsentgelt erreicht. Sein versichertes Einkommen hat also immer dem Durchschnittsentgelt entsprochen, damit hat er 45 Entgeltpunkte realisiert. Zum 1.7.2019 betrug die Standardrente rund 1.487 Euro im Westen und rund 1.435 Euro im Osten des Landes.

tenversicherungspflichtig arbeitet, kann diese Zeit entsprechend § 57 SGB VI als Kinderberücksichtigungszeit seinem Rentenversicherungskonto gutschreiben lassen. Diese Regelung ist unter bestimmten Bedingungen für Erziehungsberechtigte möglich, deren Kinder ab dem 1. Januar 1992 geboren wurden. Werden mehrere Kinder gleichzeitig erzogen, gilt die Regelung von der Geburt des ältesten Kindes bis zur Vollendung des 10. Lebensjahres des jüngsten Kindes. Für Selbstständige gelten besondere Regeln.

→ TIPP

Es können Kinder berücksichtigt werden, die ab 1983 geboren wurden. Dann zählen die Jahre ab 1992, bis das Kind zehn Jahre alt ist. Beispiel: Für ein Kind, das am 1. Januar 1990 zur Welt kam, gelten acht Kinderberücksichtigungsjahre (ab 1992).

Kinderberücksichtigungszeiten haben anders als Kindererziehungszeiten keine unmittelbare rentenrechtliche Wirkung auf die spätere Rentenleistung. Sie erfüllen vielmehr den Zweck, rentenrechtliche Wartezeiten zu erfüllen oder Anwartschaften zu erhalten. Das betrifft die

- Rente für langjährig Versicherte mit einer Wartezeit von 35 Jahren
- Rente für besonders langjährig Versicherte mit einer Wartezeit von 45 Jahren
- Aufrechterhaltung des Anspruchs auf Erwerbsminderungsrente

Unter bestimmten Voraussetzungen, nämlich 25 Jahren mit rentenrechtlichen Zeiten, kann eigener Verdienst unmittelbar zur Rentenerhöhung beitragen. Dazu muss der eigene Verdienst unter dem Durchschnitt aller Rentenversicherten liegen. Dies trifft oft – aber nicht nur – auf Mütter zu, die wegen der Erziehung nur Teilzeit arbeiten.

Der jährliche Durchschnittsverdienst aller Rentenversicherten im Jahr 2019 beträgt 38.901 Euro. Niedrigere Arbeitsentgelte wertet die Rentenversicherung in puncto Rente maximal auf diesen Betrag auf, jedoch nie um mehr als 50 Prozent. Die erzielten Entgeltpunkte können jährlich maximal um 0,3336 Entgeltpunkte aufgewertet werden.

Wie hoch das Durchschnittsentgelt in den Jahren seit 2002 war, lässt sich der Tabelle auf Seite 123 entnehmen. Dies ist jeweils die maximale Höhe, bis zu der Entgeltpunkte durch die Kinderberücksichtigungszeiten erworben werden können. Für 2020 beträgt der Wert 40.551 Euro.

BEISPIEL

Kinderberücksichtigungszeit

Maria hat eine Tochter im Vorschulalter und verdient als Referentin in Teilzeit 1.800 Euro brutto monatlich. Dieser Jahresverdienst von 21.600 Euro wird nun um 50 Prozent auf 32.400 Euro nach oben gewertet. Sie verdient zwar nur 21.600 Euro und zahlt auch nur für diese Höhe in die Rentenversicherung ein, bekommt jedoch so viele Entgeltpunkte angerechnet, als würde sie 32.400 Euro verdienen.

Welche Eltern können diese Kinderleistungen beanspruchen?

Ob Kindererziehungs- oder Kinderberücksichtigungszeit: Als erziehende Elternteile kommen in Frage: leibliche Eltern, Adoptiveltern, Pflegeeltern, ebenso Stiefeltern. Bei den Stief- und Pflegeeltern ist zudem Voraussetzung, dass das Kind in den Haushalt aufgenommen wurde.

In einer Patchworkfamilie ohne Trauschein kann jedoch nur der Elternteil, der mit dem Kind verwandt ist, diese Leistungen beantragen.

Krankenversicherung für Rentner

„Im Ruhestand sind Sie kranken- und pflegeversichert wie im bisherigen Erwerbsleben.“ Dies gibt die Deutsche Rentenversiche-

Höhe des Durchschnittsentgelts

JAHR	DURCHSCHNITTSENTGELT IN EURO
2002	28.626
2003	28.938
2004	29.060
2005	29.202
2006	29.494
2007	29.951
2008	30.625
2009	30.506
2010	31.144
2011	32.100
2012	33.302
2013	33.659
2014	34.514
2015	35.363
2016	36.187
2017	37.077
2018	37.873
2019	38.901

Quelle: Deutsche Rentenversicherung

rung (DRV) zwar als Leitsatz vor, schränkt ihn jedoch direkt wieder ein. Denn wer Pflichtmitglied werden möchte, muss Voraussetzungen erfüllen.

Die Krankenversicherung der Rentner (KVdR) ist für viele Senioren attraktiv, denn wer dort Pflichtmitglied ist, muss auf viele Einnahmen keine Krankenkassenbeiträge zahlen. Hierfür sind jedoch mehrere Bedingungen zu erfüllen. Zunächst muss ein Anspruch auf eine gesetzliche Rente bestehen. Zudem muss man in der zweiten Hälfte des Erwerbslebens zu 90 Prozent gesetzlich krankenversichert sein. Dies nennt sich Vorversicherungszeit. Ob pflichtversichert, freiwilliges Mitglied oder familienversichert ist hierbei egal.

Für jedes Kind werden pauschal drei Jahre bei der Vorversicherungszeit angerechnet. Diese Regelung gilt für eigene, Pflege- und Stiefkinder. Hierbei ist es unerheblich, ob der Antragsteller das Kind auch erzogen hat.

Pflege

„Alternde Menschen sind wie Museen: Nicht auf die Fassade kommt es an, sondern auf die Schätze im Innern", so lautet ein Bonmot der französischen Schauspielerin Jeanne Moreau. Doch Risse in der Fassade können auch Hinfälligkeit bedeuten. Jeder zweite Mann und drei von vier Frauen werden in ihrem Leben pflegebedürftig.

Und Pflege kostet. Die gesetzliche Pflegeversicherung übernimmt immer nur einen Teil. So hat sich die Pflegelücke 2019 wieder vergrößert. Der durchschnittliche Eigenanteil, den Pflegebedürftige bzw. ihre Angehörigen bei Unterbringung in einem Heim selbst tragen müssen, beträgt bundesweit knapp 1.960 Euro, meldet der Verband der Privaten Krankenkassen (PKV) – Tendenz steigend. Der Verband führt eine Pflegedatenbank, in die die Daten von mehr als 11.000 der insgesamt etwa 13.000 vollstationären Pflegeeinrichtungen hierzulande einfließen.

Doch die meisten Pflegebedürftigen wohnen nicht im Heim, sondern zu Hause – nicht

Lücken der Pflegepflichtversicherung

Pflegeheimkosten: durchschnittlicher monatlicher Eigenanteil in Euro

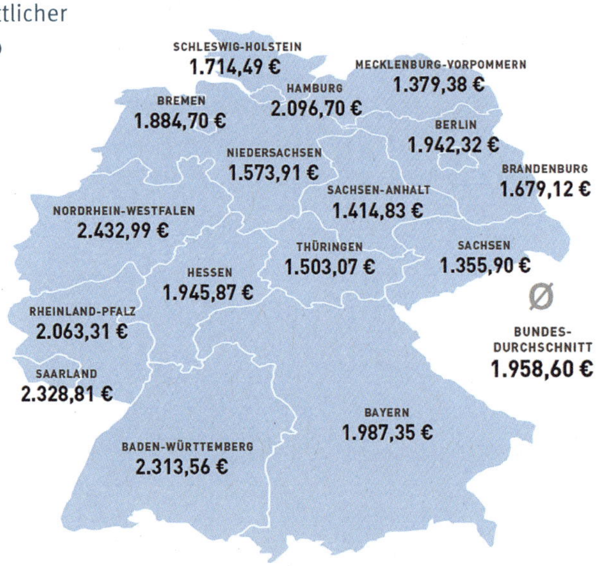

Quelle: PKV Stand: 01.01.2020

Pflegebedürftige nach Versorgungsart 2017

Anteile in %

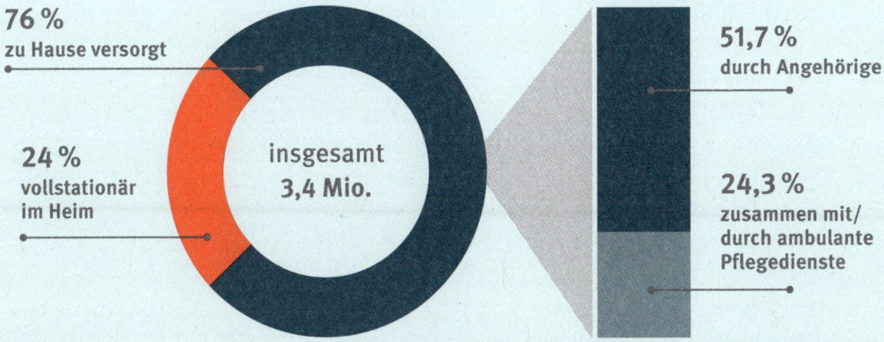

Im Dezember 2017 waren in Deutschland 3,41 Millionen Menschen pflegebedürftig im Sinn des Pflegeversicherungsgesetzes (SGB XI). Gut drei Viertel aller Pflegebedürftigen werden zu Hause versorgt. Quelle: Destatis 2018

nur wegen der hohen Kosten, sondern auch, weil sie möglichst selbstbestimmt in vertrauter Umgebung leben möchten. In den meisten Fällen werden sie von Angehörigen versorgt. Die Angehörigen werden vom Staat, der die Laienpflege stärken will, finanziell entlastet.

Was genau versteht der Gesetzgeber unter „nahen Angehörigen"?

Besonders für Patchworkfamilien ist es wichtig zu wissen, wen der Gesetzgeber zu den nahen Angehörigen zählt. Denn je nach Konstellation kann die Pflegeperson Pflegeunterstützungsgeld und -zeit beanspruchen – oder eben nicht. Welche Personengruppen dieser Begriff „nahe Angehörige" einschließt, ergibt sich aus § 7 Abs. 3 Pflegezeitgesetz (PflegeZG):

„Nahe Angehörige im Sinne dieses Gesetzes sind

1. Großeltern, Eltern, Schwiegereltern, Stiefeltern,
2. Ehegatten, Lebenspartner, Partner einer eheähnlichen oder lebenspartnerschaftsähnlichen Gemeinschaft, Geschwister, Ehegatten der Geschwister und Geschwister der Ehegatten, Lebenspartner der Geschwister und Geschwister der Lebenspartner,

HINTERGRUND

Warum die Laienpflege so wichtig ist

Der Staat will und muss die Laienpflege stärken. Denn wir leben in einer Gesellschaft, die durch Überalterung geprägt ist. Diese Entwicklung ist unter dem Stichwort „demografischer Wandel“ bekannt.
So meldet das Statistische Bundesamt: „Der demografische Wandel ist in Deutschland längst angekommen. Die sinkende Zahl der Menschen im jüngeren Alter und die gleichzeitig steigende Zahl älterer Menschen verschieben den demografischen Rahmen in bisher nicht gekannter Art und Weise. Jede zweite Person in Deutschland ist heute älter als 45 und jede fünfte Person älter als 66 Jahre.“

Unser Pflegesystem ist nicht darauf ausgelegt, dass die Mehrzahl der älteren, hinfälligen Menschen in Heimen gepflegt wird. Das System würde kollabieren. Daher ist der Vorrang der häuslichen Pflege auch im Sozialgesetzbuch (SGB) festgeschrieben. Unter § 3 SGB XI heißt es:
„Die Pflegeversicherung soll mit ihren Leistungen vorrangig die häusliche Pflege und die Pflegebereitschaft der Angehörigen und Nachbarn unterstützen, damit die Pflegebedürftigen möglichst lange in ihrer häuslichen Umgebung bleiben können. Leistungen der teilstationären Pflege und der Kurzzeitpflege gehen den Leistungen der vollstationären Pflege vor.“

3. Kinder, Adoptiv- oder Pflegekinder, die Kinder, Adoptiv- oder Pflegekinder des Ehegatten oder Lebenspartners, Schwiegerkinder und Enkelkinder.“

Diese Aufzählung umfasst – übrigens erst seit Januar 2015 – zwar die Schwägerinnen, Schwäger, Stiefeltern und lebenspartnerschaftsähnliche Gemeinschaften, welche bis dahin nicht berücksichtigt wurden. Auch Partner ohne Trauschein sind erfasst. Wie aber steht es um die Kinder in einer Patchworksituation?

Die leiblichen Kinder und die Stiefkinder sind nahe Angehörige. Sind jedoch die Patchworkeltern nicht verheiratet, so gelten die Kinder des Partners nicht als solche.

Zwar können Aufgaben in der häuslichen Pflege prinzipiell auch Kinder von Partnern übernehmen, ja sogar Bekannte, Freunde oder Nachbarn. Allerdings gelten nur für „nahe Angehörige“ besondere Entlastungen.

→ **TIPP Ausgleich durch Erbverteilung**
Der Pflegebedürftige kann testamentarisch regeln, dass der Angehörige, der ihn pflegt, beim Erbe besonders bedacht wird.

BEISPIEL

Wer pflegt Oliver?

Katja und Oliver wollen es als Patchworkfamilie versuchen. Katja bringt eine Tochter (Mia) in die neue Beziehung, Oliver hat einen Sohn (Stefan), der jedoch bei seiner Ex-Frau lebt. Oliver hat zu Mia eine enge Beziehung, zu Stefan besteht nur sporadischer Kontakt. Wir nehmen an, dass Oliver im Alter pflegebedürftig wird.

- **Alternative A:** Oliver und Katja haben noch geheiratet. Zu seinen nahen Angehörigen gehören nun Katja, Mia, Stefan sowie Stefans Ehefrau und Katjas Schwester. Katja sowie deren Schwester können die Pflege aus gesundheitlichen Gründen nicht leisten, sie fühlen sich selbst schon zu schwach. Stefan und seine Ehefrau wohnen zu weit entfernt, außerdem sind sie Oliver zu fremd. Mia hingegen wohnt in derselben Stadt, hat einen sehr guten Bezug zu ihrem Stiefvater und kann sich auch vorstellen, ihn zu pflegen. Sie kann Pflegeunterstützungsgeld und -zeit beanspruchen.
- **Alternative B:** Oliver und Katja haben nicht geheiratet. Zu seinen nahen Angehörigen gehören nun nur Katja, Stefan sowie Stefans Ehefrau. Katja fühlt sich für die Pflege zu schwach. Stefan und seine Ehefrau lehnen ab, sie wohnen weit entfernt und Oliver ist ihnen fremd. Mia, die Oliver gerne pflegen würde, gilt nicht als nahe Angehörige. Dies wirkt sich auf Pflegeunterstützungsgeld und -zeit aus, so dass sie ihren Plan nicht umsetzen kann. Oliver wird nun von einem ambulanten Pflegedienst versorgt.

Wer gilt als Pflegeperson?

Im Sozialgesetzbuch ist festgelegt, dass eine solche Person nicht erwerbsmäßig einen Pflegebedürftigen in seiner häuslichen Umgebung pflegt. Es können also Freunde, Bekannte, Angehörige, Nachbarn sein. Im § 19 SGB XI wird auch der zeitliche Aufwand festgelegt, den die Pflegeperson mindestens in der Woche zu erbringen hat, um Leistungen zu erhalten. So heißt es im Gesetz: „Leistungen zur sozialen Sicherung nach § 44 erhält eine Pflegeperson nur dann, wenn sie eine oder mehrere pflegebedürftige Personen wenigstens zehn Stunden wöchentlich, verteilt auf regelmäßig mindestens zwei Tage in der Woche, pflegt."

→ **TIPP**

Weitere Informationen zum aktuellen Pflegebedürftigkeitsbegriff, zu den Pflegegraden und dem Begutachtungsverfahren finden Sie im Online-Ratgeber „Pflege“ des Bundesministeriums für Gesundheit unter **www.pflegestaerkungsgesetz.de.**

Die soziale Pflegeversicherung ist im Sozialgesetzbuch (SGB XI) verankert. Es ist zu finden unter **www.sozialgesetzbuch-sgb.de/sgbxi/1.html.**

Entlastungsbetrag

Personen in häuslicher Pflege erhalten von der Pflegekasse 125 Euro pro Monat, um eine teilstationäre Tages- oder Nachtpflege oder eine Kurzzeitpflege zu finanzieren.

Familienpflegezeit

Diese steht, genau wie das Pflegeunterstützungsgeld, nur den „nahen Angehörigen" offen.

Seit 2008 können sich Beschäftigte kurzzeitig freistellen lassen, um die akute Pflege eines nahen Angehörigen zu organisieren oder selbst zu leisten.

Der Anspruch besteht für zehn Arbeitstage. In der Regel zahlt der Arbeitgeber hierfür kein Arbeitsentgelt. Doch seit Jahresbeginn 2015 können Betroffene das sogenannte Pflegeunterstützungsgeld beantragen. Dieser Anspruch ist in § 44a SGB XI gesetzlich verankert.

Hierbei ist die Pflegekasse zuständig, bei der der Pflegebedürftige versichert ist.

Das Pflegeunterstützungsgeld wird nach der gleichen Berechnungsformel wie das Kinder-Krankengeld berechnet. Beide werden auf der Grundlage des ausgefallenen Entgelts ermittelt. Die Entgeltersatzleistung ist jedoch auf 90 Prozent des ausgefallenen Netto-Arbeitsentgelts begrenzt und darf kalendertäglich höchstens 109,38 Euro betragen.

Das Pflegeunterstützungsgeld ist nach den gesetzlichen Vorschriften (§ 18a Abs. 3 Satz 1 Nr. 1 SGB IV) ein kurzfristiges Erwerbsersatzeinkommen. Aus dem Pflegeunterstützungsgeld sind zudem Beiträge zur Kranken-, Arbeitslosen- und Rentenversicherung abzuführen.

Neben der kurzzeitigen Auszeit können sich Beschäftigte auch bis zu sechs Monate von der Arbeit ganz freistellen lassen oder für bis zu 24 Monate lang die Arbeitszeit auf mindestens 15 Wochenstunden reduzieren. Allerdings gilt die Pflegezeit nur für Betriebe mit mehr als 15 Beschäftigten.

Um den Lebensunterhalt zu sichern, kann ein zinsloses Darlehen aufgenommen werden. Es ist beim Bundesamt für Familie und zivilgesellschaftliche Aufgaben (BAFzA) zu beantragen.

> § GESETZLICHE GRUNDLAGE
>
> Das Gesetz über die Pflegezeit ist nachzuschlagen unter **www.gesetze-im-internet.de/pflegezg/__7.html**

Pflegegeld

Es wird an Pflegebedürftige ab Pflegegrad 2 ausgezahlt, wenn Angehörige oder Bekannte die häusliche Grundpflege (nicht erwerbsmäßig) übernehmen und sich um den Haushalt kümmern.

Das Pflegegeld wird monatlich an den Pflegeversicherten, nicht an die Pflegeperson, überwiesen.

Wie hoch ist das Pflegegeld?

PFLEGEGRAD	MONATLICHES PFLEGEGELD IN EURO
1	–
2	316
3	545
4	728
5	901

Quelle: Bundesgesundheitsministerium

! ACHTUNG

Der Bezug von Pflegegeld ist an Beratungsgespräche gebunden. Pflegegeldempfänger ab Grad 2 sind verpflichtet, sich regelmäßig persönlich beraten zu lassen. Bei den Pflegegraden 2 und 3 sollte dieses Gespräch einmal pro Halbjahr, bei den höheren sogar einmal pro Vierteljahr stattfinden.

Pflegehilfsmittel

Bis zu 40 Euro pro Monat erstattet die Pflegekasse für Hilfsmittel, die die häusliche Pflege erleichtern, wie Betteinlagen oder Einmalhandschuhe.

Umbaumaßnahmen des Wohnbereichs

Die Pflegekassen bezuschussen Maßnahmen, die das individuelle Wohnumfeld des Pflegebedürftigen verbessern, mit bis zu 4.000 Euro – auch ohne Eigenanteil. Wenn sich die Pflegesituation oder der Gesundheitszustand ändern und weitere Veränderungen notwendig werden, handelt es sich um eine neue Maßnahme (§ 40 SGB XI).

Der Zuschuss ist vor Beginn der Maßnahme mit einem Kostenvoranschlag bei der Pflegekasse zu beantragen. Gegebenenfalls wird der Medizinische Dienst der Krankenversicherung eingeschaltet.

→ TIPP

Wird das Geld für eine Maßnahme nicht aufgebraucht, verfällt der Restbetrag nicht. Er kann für weitere Anpassungen verwendet werden.

Pflegekurs

Die Pflege verlangt praktisches Wissen im Umgang mit Krankheiten und Hygiene. Daher bietet die Pflegeversicherung kostenlose Kurse an. Dort können sich Pflegepersonen auch über Pflegegrade und Hilfsmittel informieren, zudem Näheres über Demenz und weitere Erkrankungen erfahren.

Diese Kurse stehen nicht nur pflegenden Angehörigen, sondern auch anderen ehrenamtlichen Pflegepersonen offen, so ist es in § 45 SGB XI festgelegt: „Die Pflegekassen haben für Angehörige und sonstige an einer ehrenamtlichen Pflegetätigkeit interessierte Personen unentgeltlich Schulungskurse durchzuführen, um soziales Engagement im Bereich der Pflege zu fördern und zu stärken, Pflege und Betreuung zu erleichtern und zu verbessern sowie pflegebedingte körperliche und seelische Belastungen zu mindern und ihrer Entstehung vorzubeugen."

Verhinderungspflege

Wenn Pflegepersonen eine Vertretung für sich brauchen, weil sie etwa selbst krank sind, wichtige Termine haben oder in Urlaub fahren möchten, so greift ab dem Pflegegrad 2 die Verhinderungspflege. Diese Leistung kann rückwirkend geltend gemacht werden. Jährlich können in der Regel bis zu 1.612 Euro von der Pflegekasse getragen werden. Diese Regel gilt jedoch laut § 39 SGB XI nur, „wenn die Ersatzpflege durch andere Pflegepersonen sichergestellt wird als solche, die mit dem Pflegebedürftigen bis zum zweiten Grade verwandt oder verschwägert sind oder die mit ihm in häuslicher Gemeinschaft leben."

Wird die Verhinderungspflege durch nahe Angehörige oder Personen, die mit der pflegebedürftigen Person in häuslicher Gemeinschaft leben, sichergestellt, kann für die Verhinderungspflege nur der 1,5-fache Betrag des Pflegegeldes für den festgestellten Pflegegrad genutzt werden.

Reha für pflegende Angehörige

Die Pflege kranker Angehöriger ist herausfordernd. Oft gehen Pflegende an ihre Grenzen und darüber hinaus. Ein Drittel von ihnen wird selbst krank, berichtet der Sozialverband VdK. 55 Prozent leiden unter Rückenschmerzen, 49 Prozent unter psychischen Störungen, so weist der Pflegereport 2018 der Krankenkasse Barmer aus.

Mit dem Inkrafttreten des Pflege-Neuausrichtungs-Gesetzes (PNG) im Jahr 2013 haben pflegende Angehörige einen Rechtsanspruch auf eine Reha-Maßnahme. Problem: Zunächst galt bei pflegenden Angehörigen die gesetzliche Vorgabe „ambulant vor stationär", was jedoch in der Realität oftmals schwer umsetzbar war. Ab 1. Januar 2019 nun können pflegende Angehörige auch dann eine stationäre Reha in Anspruch nehmen, wenn eine ambulante Versorgung ausreichend wäre.

→ TIPP

Da das Angebot bislang kaum bekannt ist, sprechen pflegende Angehörige ihren Arzt am besten direkt darauf an, wenn sie sich von der Pflege erholen müssen.

Rentenansprüche von Pflegepersonen

Wenn Pflegepersonen nur eingeschränkt oder gar nicht erwerbstätig sind, können sie sich aufgrund der Pflegetätigkeit gesetzlich rentenversichern. Diese Möglichkeit besteht für alle ehrenamtlichen Pflegepersonen, unabhängig vom Verwandtschaftsverhältnis zum Pflegebedürftigen.

Hierbei sind jedoch folgende Voraussetzungen zu erfüllen: Die Pflegeperson muss jemanden mit mindestens Pflegegrad 2 nicht erwerbsmäßig betreuen. Dies muss an mindestens zehn Stunden, verteilt auf mindestens zwei Tage in der Woche, geschehen. Zudem muss die Pflegeperson ihren Wohnsitz im Europäischen Wirtschaftsraum oder in der Schweiz haben und die Pflegetätigkeit mehr als 60 Tage im Jahr ausüben. Neben der Pflege sind diese Personen nicht mehr als 30 Stunden pro Woche erwerbstätig. Der Pflegebedürftige muss Anspruch auf Leistungen aus der deutschen sozialen oder privaten Pflegeversicherung haben.

Für die Dauer eines Erholungsurlaubs von der Pflege – maximal bis zu sechs Wochen pro Kalenderjahr – werden die Rentenversicherungsbeiträge für die Pflegeperson weitergezahlt.

Die Rentenbeiträge erbringt in der Regel die Pflegekasse, diese ist identisch mit der gesetzlichen Krankenkasse. Für privat versicherte Pflegebedürftige sind die privaten Versicherungsunternehmen zuständig.

Damit eine Pflegeperson versicherungspflichtig werden kann, muss der Pflegebedürftige einen Antrag auf Pflegeleistungen stellen und Angaben zu Pflegetätigkeit der Pflegeperson machen.

→ **TIPP** **Pflegepersonen können auch selbst die Initiative ergreifen und sich an die Pflegekasse des Pflegebedürftigen wenden. Diese sendet den „Fragebogen zur Zahlung der Beiträge zur sozialen Sicherung für nicht erwerbsmäßig tätige Pflegepersonen" zu.**

BEISPIEL

Tochter pflegt

Rieke kümmert sich um ihre Mutter (Pflegegrad 3) in Stuttgart. Seit dem 1. Juli 2020 pflegt sie ihre Mutter regelmäßig im Umfang von 28 Stunden wöchentlich. Diese verteilen sich auf alle Wochentage. Die pflegebedürftige Mutter bezieht daher Pflegegeld aus der Pflegeversicherung. Lässt sich Rieke nun aufgrund der Pflegetätigkeit gesetzlich rentenversichern, so erhält sie 13,86 Euro monatliche Anwartschaft für ein Jahr Pflege ihrer Mutter.

§ GESETZLICHE GRUNDLAGE

Pflegeversicherung: Sind Patchworkeltern vom Beitragszuschlag für Kinderlose befreit?

Kinderlose müssen einen Beitragszuschlag zur gesetzlichen Pflegeversicherung zahlen. Dieser wurde am 1. Januar 2005 eingeführt. § 55 Abs. 3 Satz 1 SGB XI schreibt vor, dass der Beitragssatz für kinderlose Versicherte um 0,25 Prozentpunkte zu erhöhen ist. Der Kinderlosenzuschlag ist grundsätzlich vom Versicherten alleine aufzubringen.

Gelten Stiefeltern als kinderlos, wenn sie keine leiblichen Kinder haben? Es kommt wieder – wie auch beim Kindergeld – auf den Trauschein an. Sind die Patchworkeltern verheiratet, so muss der Stiefelternteil keinen Kinderlosenzuschlag zahlen – auch nicht, wenn die Ehe später geschieden wird.

Leben die Patchworkeltern hingegen ohne Trauschein zusammen, so gilt der Partner ohne leibliches Kind als kinderlos – auch wenn er sich jahrelang intensiv um das Kind im gemeinsamen Haushalt kümmert. Das Bundessozialgericht (BSG) in Kassel hat diesbezüglich ein wichtiges Urteil für nicht-eheliche Lebensgemeinschaften gefällt (BSG B 12 P 1/16 R vom 6. Dezember 2017): Ein Partner muss auch den Beitragszuschlag für Kinderlose zur Pflegeversicherung leisten, der sich zwar um die Kinder seiner Lebensgefährtin kümmert, aber nicht mit ihr verheiratet ist.
Wäre der Kläger mit der Mutter der Kinder verheiratet, dann wäre er ebenso wie Eltern, Adoptiveltern und Pflegeeltern vom Beitragszuschlag befreit.

Elternunterhalt

Pflege im Alter ist teuer. Die Pflegeversicherung übernimmt nur einen Teil der Pflegekosten – wer schließt die Pflegelücke?

Viele Gebrechliche können die Pflegekosten nicht aus eigener Tasche zahlen, egal, ob sie zu Hause oder im Heim betreut werden. Die Preise liegen oftmals deutlich über den Sätzen der Pflegeversicherung. In diesen Fällen kann das Sozialamt „Hilfe zur Pflege" (nach dem 7. Kapitel des SGB XII) bewilligen. Bis Ende 2019 versuchte das Amt allerdings, sich das Geld von den Kindern der Pflegebedürftigen zurückzuholen – unabhängig davon, welcher Einkommenshöhe diese unterlagen. Denn die Kinder pflegebedürftiger Eltern sind grundsätzlich unterhaltspflichtig. Seit dem 1. Januar 2020 werden sie jedoch deutlich entlastet. Für sie gilt nun ein Freibetrag von 100.000 Euro beim Jahresbruttoeinkommen – so sieht es das Angehörigen-Entlastungsgesetz vor, dem der Bundesrat am 29. November 2019 zugestimmt hat. Von dieser Änderung können laut Schätzungen ca. 275.000 Menschen profitieren.

Die Einkommensgrenze ist keine Unbekannte, sie galt bislang schon bei der Grundsicherung im Alter, der Alterssozialhilfe nach dem 4. Kapitel des SGB XII. Erhalten Eltern diese Grundsicherung, so ist jedes Kind nur zum Unterhalt verpflichtet, wenn sein Jahresbruttoeinkommen 100.000 Euro übersteigt. Nun gilt die Grenze auch bei der „Hilfe zur Pflege".

Wenn das Kind also kein Großverdiener ist, wird es vom Sozialamt nicht mehr zum Unterhalt herangezogen. Hat ein Pflegebedürftiger mehrere Kinder, so wird für die Einkommensgrenze nicht das Gesamteinkommen aller Kinder zusammengerechnet.

Das Einkommen wird vom Sozialamt nur überprüft, wenn ein entsprechender Verdacht oder Hinweis vorliegt. Dann müssen die Einkünfte offengelegt werden. Das Sozialamt verlangt entsprechende Belege, etwa den letzten Steuerbescheid.

GUT ZU WISSEN

Was zählt als Einkommen?

Das Jahresbruttoeinkommen umfasst: Bruttoarbeitsentgelt, Gewinn aus selbstständiger Tätigkeit, Kapitaleinkünfte und Einkünfte aus Vermietung und Verpachtung. Werbungskosten werden abgezogen.

Welche Angehörigen sind grundsätzlich unterhaltspflichtig?

In der Rangfolge mehrerer Unterhaltsberechtigter nach § 1609 BGB sind Eltern für ihre minderjährigen Kinder zuerst zu nennen, des Weiteren Ehe- und Lebenspartner füreinander. In absteigender Rangfolge folgt nun die Unterhaltspflicht der Eltern für ihre volljährigen Kinder und volljährige Kinder gegenüber ihren Eltern – nun jedoch erst ab einem Einkommen von über 100.000 Euro. Nicht unterhaltspflichtig sind Geschwister füreinander und verschwägerte Personen.

Stiefkinder müssen für ihre Stiefeltern keinen Unterhalt zahlen, solange sie nicht von ihnen adoptiert wurden oder mit ihnen in einem Haushalt leben.

Das Einkommen der Schwiegerkinder wird nicht berücksichtigt, lediglich das Einkommen der eigenen Kinder.

Auch Kinder, die bereits Rente beziehen, sind ihren Eltern gegenüber unterhaltspflichtig, wenn die Gesamteinkommensgrenze von

BEISPIEL

Unterhaltspflicht

Die Tochter eines Pflegebedürftigen hat einen Midijob mit einem Arbeitsentgelt von 500 Euro. Sie muss selbst dann nicht zum Unterhalt des hinfälligen Vaters beitragen, wenn ihr Ehegatte ein Bruttojahreseinkommen jenseits der 100.000-Euro-Grenze erwirtschaftet.

100.000 Euro überschritten ist. Denn Renten und auch andere Versorgungsbezüge, etwa eine Beamtenpension, eine Unfall-, Versorgungs- oder Erwerbsminderungsrente, gelten als unterhaltsrechtliches Einkommen. Hinzu kommen Einkünfte aus Vermietung und Verpachtung sowie Kapitaleinkünfte.

Ob die Eltern und die Kinder noch Kontakt haben spielt für die Übernahme der Pflegekosten keine Rolle. Selbst ein Streit mit jahrelangem Kontaktabbruch und Enterbung hebt die Unterhaltspflicht gegenüber dem bedürftigen Elternteil nicht auf (BGH XII ZB 607/12 vom 12. Februar 2014). Lediglich schwere Verfehlungen (wie Missbrauch etc.) begründen einen Ausschluss aus der Zahlpflicht.

Verfügungen für den Fall der Fälle

Was wird, wenn man nicht mehr selbst entscheiden kann? Ist man volljährig und mündig, ist niemand anderes automatisch vertretungsberechtigt: Weder die Kinder, die Eltern, noch der Lebenspartner – egal ob verheiratet oder nicht.

Man kann jedoch mit Vollmachten und Verfügungen für später vorsorgen: Mit einer Bankvollmacht für Finanzgeschäfte, mit einer Vorsorgevollmacht oder einer Betreuungsverfügung. Die beiden Letzteren lassen sich gut mit einer Patientenverfügung kombinieren. Mit dieser können volljährige Bürger vorsorglich regeln, ob und inwieweit sie dann in eine ärztliche Behandlung einwilligen oder nicht.

Doch noch immer haben viele nicht vorgesorgt. Nur gut die Hälfte der Intensivpatienten verfügt über eine Patientenverfügung oder Vorsorgevollmacht, hat das Universitätsklinikum Hamburg Eppendorf (UKE) 2017 ermittelt. Und rund 44 Prozent der abgegebenen Patientenverfügungen waren aufgrund fehlerhaften Ausfüllens von Vordrucken „schwer interpretierbar“, so die Studienautoren.

Die Patientenverfügung

Eine Patientenverfügung ist für alle Beteiligten – z. B. Betreuer, Bevollmächtigte, Mediziner, Pflegekräfte, Gerichte – verbindlich, soweit sie den Willen des Betroffenen für eine konkrete Behandlungssituation klar ausdrückt. Das hat der Bundesgerichtshof (BGH) mit Urteil vom 8. Februar 2017 (BSG XII ZB 604/15) geregelt.

In der Praxis wirft es viele Probleme auf, wenn eine Patientenverfügung ungenau formuliert ist. Denn es reicht nicht aus, eine „Behandlung ohne Schläuche und Geräte“ oder ein „würdiges Sterben“ zu wünschen. Vielmehr müssen bestimmte Behandlungen untersagt werden. Dies hat der BGH deutlich gemacht. Auch die Lage, in denen die Verfügung anzuwenden ist, sollte beschrieben werden. Zusätzlich zur Einwilligungsunfähigkeit des Patienten wären also etwa die Situationen Sterbevorgang, Wachkoma oder Endstadium einer unheilbaren Krankheit zu nennen. Für den medizinischen Laien ist das schwierig.

→ **TIPP Patientenverfügung ausfüllen**
Eine gute Hilfe bietet das Bundesjustizministerium. Dort lässt sich eine Broschüre zum Thema kostenlos bestellen oder herunterladen. Diese enthält Textbausteine, mit denen sich eine individuelle Patientenverfügung zusammenstellen lässt – sicher und auf dem aktuellen rechtlichen Stand.

Zusätzlich ist zu empfehlen, kurz die eigenen Wertvorstellungen, Einstellungen zum Leben und Sterben als Auslegungshilfe zu schildern. Die Patientenverfügung bedarf der Schriftform, muss jedoch nicht handschriftlich verfasst sein. Allerdings ist sie eigenhändig zu unterschreiben. Nicht nötig ist hingegen, dass ein Arzt oder ein Notar eingeschaltet sind.

Bei der Aufnahme in Klinik oder Pflegeheim wird in der Regel direkt erfragt, ob der Betroffene eine Patientenverfügung hat. Was aber ist mit ungeplanten Situationen, wie kann da die Verfügung gefunden werden?

Hilfreich ist eine Notfallkarte für die Brieftasche, etwa von den Krankenkassen. Sie zeigt an, dass man eine Verfügung besitzt und wer hierzu zu kontaktieren ist. Auch ein Handy-Eintrag ist möglich mit einer Nummer, die im Fall der Fälle zu wählen ist und die im Sperrbildschirm erscheint. Besonders zu empfehlen ist ein Aufkleber auf der Krankenversichertenkarte mit einem Verweis auf die Verfügung. Denn die Krankenversichertenkarte wird für die Abrechnung medizinischer Leistungen benötigt und daher gesucht.

Bislang gibt es keine bundesweite behördliche Zentralstelle, bei der Patientenverfügungen hinterlegt werden können. Nur wer eine Vollmacht hat und diese beim Zentralen Vorsorgeregister der Bundesnotarkammer unter www.vorsorgeregister.de kostenpflichtig registrieren lässt, kann zusätzlich einen Hinweis auf die Patientenverfügung aufnehmen.

Die Vorsorgevollmachten

→ **Vorsorgevollmacht:** Mit ihr wird der Bevollmächtigte zum „Vertreter im Willen". Sie setzt voraus, dass der Vollmachtgeber zum Zeitpunkt der Ausstellung geschäftsfähig ist – also beispielsweise noch nicht fortgeschritten dement. An der vermeintlichen Geschäftsfähigkeit entzünden sich viele Rechtsstreitigkeiten. Die Vorsorgevollmacht kann einen großen Handlungsspielraum bieten. Sie kann umfassende Regelungen zu Vermögens- und Gesundheitsfragen, aber auch zum Wohnsitz enthalten.

→ **Sonderform Bankvollmacht:** Sie wird typischerweise auf bankeigenen Formularen erteilt. Die Bankvollmacht ist jederzeit widerrufbar und erlischt in der Regel nicht mit dem Tod der Vollmachtgebenden. Das ist oft auch so gewollt, um etwa die Beerdigung regeln zu können.

Die Betreuungsverfügung

Sie greift erst dann, wenn eine rechtliche Betreuung erforderlich ist. Mit ihr lässt sich bestimmen, wer im Fall des Falles diese Aufgabe übernehmen soll – und auch, wer nicht. Da die Betreuung gerichtlich angeordnet wird, vergeht in der Regel einige Zeit, bis sie eingerichtet ist.

Rund 1,3 Millionen Menschen werden in Deutschland offiziell betreut. Die Betreuer werden von Rechtspflegern kontrolliert. Besteht eine ausreichende Vorsorgevollmacht, wird kein Betreuer bestellt.

Liegt jedoch weder eine Vorsorgevollmacht noch eine Betreuungsverfügung vor – oder die Betreuungsverfügung nennt niemanden konkret (z. B. „meine Kinder") –, so wird der Richter zunächst im Familienkreis anfragen, ob ein Angehöriger die Betreuung übernimmt.

GUT ZU WISSEN

Bevollmächtigung

Mit einer Vorsorgevollmacht können Sie einer anderen Person das Recht einräumen, in Ihrem Namen stellvertretend zu handeln – entweder im Hinblick auf bestimmte einzelne Angelegenheiten oder auch aller. Die Vorsorgevollmacht sollte erst dann in Kraft treten, wenn Sie selbst nicht mehr in der Lage sind, über ihre Angelegenheiten zu entscheiden. Die Vorsorgevollmacht gibt Ihnen die Möglichkeit, die Bestellung eines Betreuers oder einer Betreuerin durch das Betreuungsgericht zu vermeiden. Bevollmächtigen Sie nur eine Person, der Sie uneingeschränkt vertrauen und von der Sie überzeugt sind, dass sie nur in Ihrem Sinn handeln wird.

Laut Gesetz hat der Betreuer die Angelegenheiten des Betreuten so zu besorgen, wie es dessen Wohl entspricht (§ 1901 Abs. 2 BGB).

Betreuung in Patchworkfamilien

Betreuer müssen verschiedene Genehmigungspflichten bei der Geldanlage sowie die Pflicht der jährlichen Rechnungslegung erfüllen, was sehr arbeitsaufwändig ist.

Das Gesetz sieht nun vor, dass ein bestimmter Personenkreis diesen Pflichten **nicht** unterliegt (§ 1908i Abs. 2 BGB). Zu den sogenannten „befreiten Betreuern" gehören:

- Elternteil als Betreuer
- Ehegatte oder eingetragener Lebenspartner als Betreuer
- Kind oder Kindeskind (Abkömmling) als Betreuer
- Vereinsbetreuer und Behördenbetreuer (§ 1897 Abs. 2 BGB)
- Betreuungsverein oder Betreuungsbehörde als Betreuer (§ 1900 BGB).

Das bedeutet, dass folgende Personen niemals „befreite Betreuer" sein können:

- Verwandte in der Seitenlinie (Geschwister, Onkel, Tanten, Neffen, Nichten etc.)
- Verschwägerte
- Stiefkinder und -eltern
- Nicht familienangehörige ehrenamtliche Betreuer
- Selbstständige Berufsbetreuer.

Es ist nicht möglich, diesen Personen den Status eines „befreiten Betreuers" zu verleihen, weder durch den Betreuten selbst, noch durch das Betreuungsgericht.

In einer Patchworkfamilie heißt das nun, dass hier ein Teil der Familie bevorzugt ist. In direkter Linie miteinander Verwandten wird die Entscheidung zur Betreuungsübernahme also erleichtert. Stiefkinder und -eltern, Lebensgefährten, Kinder der Lebensgefährten müssen sich gut überlegen, ob sie den damit einhergehenden Mehraufwand aufbringen können.

Aus und vorbei – Trennung, Scheidung, Tod, Erbschaft

Endet das Zusammenleben, geht es oft ans Eingemachte. Wie wirken sich Trennung und Scheidung finanziell auf eine Patchworkfamilie aus? Was kann in guten Zeiten geklärt werden, um die schlechten besser zu überstehen? Mediation, ein Verfahren zur Konfliktlösung, kann zur Klärung hilfreich sein.
Was tun im Todesfall? Die Bestattung ist zu regeln, Hinterbliebenenrenten sind zu beantragen. Hier gibt es Sonderregeln für Patchworker.
Und: Wer erbt? Ohne Testament greift die gesetzliche Erbfolge – die kann zu unliebsamen Überraschungen führen. Denn die Patchworkfamilie kommt im Erbrecht nicht vor. Auf welche Stolpersteine Betroffene achten sollten, erfahren Sie auf den folgenden Seiten.

Trennung und Scheidung

Viele Patchworkeltern wissen nur zu gut, was eine Trennung bedeuten kann. In hoch emotionalen Situationen soll man sein Leben neu strukturieren. Seelische Verletzungen und finanzielle Sorgen bestimmen die Gedanken. Es ist schwer, sich „gütlich" zu trennen – scheiden tut weh.

Eine Patchworkfamilie ist ein neuer Anlauf. Vieles will man besser machen, alte Fehler nicht wiederholen. Ein Ehevertrag, in guten Zeiten geschlossen, hilft bei einer Scheidung, ein Partnerschaftsvertrag bei einer

Trennung unverheirateter Paare. Sollte tatsächlich die Beziehung zerbrechen, ist das immer noch schwierig – für die Erwachsenen wie auch für die Kinder. Aber zumindest werden Nerven geschont und das Wirtschaftliche geordnet. Und es lassen sich tragfähige Lösungen besser im Einvernehmen als im bitteren Gegeneinander finden.

Der Ehevertrag: für Patchworker mit Trauschein

Im Rahmen einer Scheidung ist vieles zu regeln. Die Noch-Eheleute müssen sich mit Zugewinnausgleich, Versorgungsausgleich und Unterhaltsansprüchen auseinandersetzen. Mit einem Ehevertrag schaffen sich die Verheirateten Regeln für den Ernstfall.

→ TIPP Zeitpunkt Ehevertrag
Er kann jederzeit vereinbart werden, also vor der Eheschließung ebenso wie während der Ehe.

Die Verheirateten haben große Gestaltungsmöglichkeiten für den Ehevertrag. Daher hat der Gesetzgeber festgelegt, dass ein Notar den Ehevertrag beurkunden muss (§ 1410 BGB). Der Notar berät neutral, erläutert, wie man eine Beurkundung inhaltlich gestalten und formell vornehmen kann und muss falsche und nicht funktionierende Vertragsgestaltungen verhindern. Dann erstellt er einen Vertragsentwurf. Im Gerichts- und Notarkostengesetz (GNotKG) sind die Gebührensätze festgelegt. Für die Beurkundung eines Ehevertrags fällt eine doppelte Gebühr an. Ihrer Höhe liegt der Geschäftswert des Ehevertrags zugrunde.

Der Partnerschaftsvertrag: für Patchworker ohne Trauschein

Ehering muss nicht sein – viele Paare und Familien in Deutschland kommen ohne Trauschein aus, so das Statistische Bundesamt. Doch Achtung: Unverheiratete werden rechtlich oftmals wie Fremde behandelt. Geht es

i GUT ZU WISSEN

Neutralität des Notars

Da der Notar neutral und umfassend berät, ist der zusätzliche Weg zum Anwalt nicht in jedem Fall notwendig. Allerdings darf er die Beteiligten nicht individuell beraten und ihnen keine juristischen Ratschläge und Empfehlungen geben, soweit er dadurch Interessen wahrnimmt und insbesondere die Interessen eines anderen Beteiligten dadurch in den Hintergrund drängt oder gar beeinträchtigt. Bei erhöhtem Bedarf an juristischer Beratung sollte ein Anwalt vom jeweiligen Partner hinzugezogen werden.
Die Beratung beim Notar ist unabhängig vom Aufwand in der späteren Beurkundungsgebühr enthalten.

ums Geld, sollten betroffene Patchworkeltern umsichtig planen – besonders, wenn es um eine große Investition, wie den Kauf einer gemeinsamen Immobilie geht.

Aber auch Regeln für das Zusammenleben und die mögliche Trennung lassen sich festlegen, etwa zu Unterhaltspflichten. Denn Unverheirateten steht nach der Trennung kein Vermögensausgleich zu, wie ihn Eheleute vom Gesetz her haben. Auch Unterhaltsansprüche bestehen nicht. Lebensgefährten können womöglich – etwa, weil sie Kinder erzogen haben, statt selbst (in Vollzeit) erwerbstätig zu sein – vor dem finanziellen Nichts stehen. Dies trifft vor allem Frauen, da sie überdurchschnittlich oft in Teilzeit arbeiten oder sogar nur einen Minijob haben.

Der Wunsch nach finanzieller Absicherung für den Trennungsfall lässt sich mit einem Partnerschaftsvertrag unkompliziert umsetzen. So können Unverheiratete zum Beispiel regeln, wie dann das vorhandene Vermögen zu verteilen ist: Was soll mit gemeinsam angeschafften Gegenständen passieren, wer muss für Schulden aufkommen? Wer kann in der Immobilie wohnen bleiben? Wer behält den Hund?

Der Partnerschaftsvertrag ist nicht nur im Hinblick auf eine Trennung sinnvoll, sondern kann auch alltägliche Dinge regeln, etwa wer laufende Haushaltsausgaben oder Kosten für Versicherungen zu tragen hat.

Unverheiratete Paare können viele Regelungen allein treffen. Zum Notar müssen sie allerdings, wenn der Partnerschaftsvertrag eine Schenkung oder Immobilienangelegenheiten regeln soll.

→ TIPP

Holen Sie sich einen Rechtsrat beim Anwalt. Passen Sie den Vertrag an, wenn sich Ihre Lebensumstände verändern – wenn beispielsweise Kinder hinzukommen oder finanziell auf eigenen Beinen stehen –, oder die Pflege eines nahen Angehörigen übernommen wird.

GUT ZU WISSEN

Gemeinsame Immobilie ohne Trauschein

Vor allem bei einer gemeinsam erworbenen Immobilie ist ein Partnerschaftsvertrag sinnvoll – die Investition ist hoch, in der Regel geht man langjährige Zahlungsverpflichtungen ein, bei selbstgenutzter Immobilie spielen auch immer Gefühle mit („mein Heim").
Den Vertrag für die Immobilienfinanzierung unterschreiben in der Regel beide Partner. Denn es kann nur ein Darlehen erstrangig im Grundbuch abgesichert werden. Doch damit haften auch beide Partner gesamtschuldnerisch für das Darlehen. Dies ist unabhängig davon, wie viel Kapital jeder Einzelne einbringt oder wie viel Kredit zurückgezahlt wird. Auch im Falle einer Trennung muss das Darlehen weiter bedient werden.
Wie lassen sich diese Probleme lösen? Am besten schriftlich – durch entsprechende Einträge im Grundbuch und einen Partnerschaftsvertrag lassen sich die finanziellen Verhältnisse festhalten.
So sollten beide Partner sich mit einem Eigentumsanteil ins Grundbuch eintragen lassen, der ihren jeweiligen Anteil an der Immobilienfinanzierung widerspiegelt. Ein Partner kann beispielsweise 70 Prozent und der andere 30 Prozent der Immobilie erwerben.
Genaueres lässt sich mit einem Partnerschaftsvertrag regeln. Wer wie viel Eigenkapital in das Haus einbringt und welche Ratenhöhe gezahlt wird, kann dort festgehalten werden. Auch lässt sich angeben, wie ein Partner im Trennungsfall für Mehrleistungen (z. B. eigene Handwerkertätigkeiten) entschädigt wird, wer die Immobilie behalten darf und wie der andere ausgezahlt wird.
Wichtig für Unverheiratete ist auch folgender Punkt: die Absicherung im Todesfall. Denn ohne Trauschein geht der Partner leer aus. Es erbt, wer im verwandtschaftlichen Verhältnis am nächsten zum Erblasser steht – Kinder, Enkel, Eltern oder Geschwister des Verstorbenen.
Unverheiratete Immobilienbesitzer sollten daher einen Erbvertrag schließen. Darin können sie beispielsweise den jeweils anderen als Alleinerben einsetzen („Testament oder Erbvertrag", → Seite 167).
Alternativ zum Vermögensübertrag ist ein lebenslanges Wohnrecht (Nießbrauch) eine Lösung, damit keine Erbschaftsteuer anfällt. Damit erbt zwar der überlebende Partner nicht die Immobilie, kann diese jedoch bis zu seinem Lebensende weiter nutzen.
In jedem Fall sollten sich Unverheiratete vor dem Immobilienkauf rechtlich beraten lassen, auch mit Blick auf das Thema Erbschaftsteuer.

Partnerschafts- und Erbvertrag sollten vor dem Abschluss eines Kaufvertrags geregelt sein. Denn wenn nichts vereinbart ist, greifen die Gesetze und das, was im Grundbuch steht.

Mediation bei Trennung und Scheidung

Bei Trennung und Scheidung ist das Gespräch innerhalb der Familie meist nicht mehr möglich. Manchmal sind es Verletzungen, Ängste und Sorgen, die im Raum stehen, manchmal sind die Erwartungen einfach zu unterschiedlich. Ärger hat sich aufgestaut, konflikthafte Themen stehen auf der Gesprächsliste.

„In diesen Situationen ist es geschickt, eine Mediation zu versuchen", sagt Dr. Christa Schäfer, Mediatorin aus Berlin. Hierunter ist ein Verfahren zu verstehen, mit dem sich Konflikte außergerichtlich lösen lassen.

„Ein Mediatorenteam steuert den Prozess der Konfliktbearbeitung – neutral und zur Verschwiegenheit verpflichtet. Während die streitende Familie für die inhaltlichen Themen zuständig ist, führt ein Mediatorenteam die Familie anhand verschiedener Fragestellungen zu einer Lösung. Das Verfahren ist freiwillig und richtet den Blick nicht auf die Vergangenheit, sondern auf die Zukunft", erklärt Schäfer.

Geht es um die Mediation in einer Patchworkfamilie, so sollten möglichst alle Konfliktbeteiligten an dem Verfahren teilnehmen. Nur so kann gewährleistet werden, dass eine Lösung gefunden wird, die für alle zufriedenstellend ist. Mitunter ist es ganz wichtig, dass die Kinder und Jugendlichen der Familie mit eingebunden werden. Auch hierauf sind die Mediatoren vorbereitet.

Die Trennung oder Scheidung von Patchworkfamilien ist oft komplex. Die Arbeit mit Mediatoren soll garantieren, dass alle Beteiligten geschützt werden. Außerdem hat eine Mediation den Vorteil, dass nicht über-, sondern miteinander gesprochen wird, auch wenn der Konflikt schon hochgekocht ist. Die Mediatoren leiten die Patchworkfamilie an, ihre eigene individuelle Lösung zu finden. Dieser Weg kann präventiv eingesetzt werden, wenn geschaut werden soll, wie das Leben in der Vielfalt gut gelingen kann. Doch hauptsächlich kommt Mediation zum Einsatz, wenn die Trennung einer Patchworkfamilie bereits ins Haus steht. In diesem Fall wird dem Elternpaar empfohlen, sich zusätzlich zur Mediation anwaltlichen Rat zur Situation zu holen.

§ GESETZLICHE GRUNDLAGE

Ein Blick ins Gesetz

Im Mediationsgesetz (MediationsG, § 1) wird Mediation wie folgt beschrieben: „(1) Mediation ist ein vertrauliches und strukturiertes Verfahren, bei dem Parteien mithilfe eines oder mehrerer Mediatoren freiwillig und eigenverantwortlich eine einvernehmliche Beilegung ihres Konflikts anstreben. (2) Ein Mediator ist eine unabhängige und neutrale Person ohne Entscheidungsbefugnis, die die Parteien durch die Mediation führt."

Anspruch auf Umgang?

Eine Patchworkfamilie zerbricht – hat dann ein Stiefelternteil, der etliche Jahre mit dem Kind des Partners in einem Haushalt gelebt hat, überhaupt einen Anspruch auf Umgang mit dem Kind nach der Trennung?

Stiefeltern haben dann ein Recht auf Umgang, wenn zu dem Kind eine sozial-familiäre Beziehung besteht, sie also tatsächlich Verantwortung getragen haben (§ 1685 Abs. 2 BGB). Diese Beziehung wird in der Regel angenommen, wenn der Stiefelternteil mit dem Kind über längere Zeit in einem Haushalt gelebt hat.

Anders als bei leiblichen Eltern, bei denen der Umgang nur in Ausnahmefällen verwehrt wird, muss bei Stiefeltern aber festgestellt werden, dass der Umgang dem Kindeswohl dient. Der Stiefelternteil muss zudem an ein bestehendes Vertrauensverhältnis anknüpfen können.

Allerdings besteht gerade bei in die Brüche gegangenen Patchworkfamilien die Gefahr, dass die einzelnen Umgangsrechtsansprüche das Kind überfordern („Umgangstourismus"). Umgangsberechtigt sind an erster Stelle die Elternteile (§ 1684 BGB); an zweiter Stelle die Großeltern und Geschwister (§ 1685 Abs. 1 BGB); an dritter Stelle stehen die engen Bezugspersonen des Kindes, wenn eine sozial-familiäre Beziehung besteht (§ 1684 Abs. 2 BGB) – wie dies bei Patchworkeltern anzunehmen ist.

Todesfall

Circa 900.000 Todesfälle gibt es jährlich in Deutschland. Jeder einzelne bringt Angehörige und Freunde in eine emotionale Ausnahmesituation. Finanzielle Engpässe können hinzukommen und die Situation für die Familie zusätzlich erschweren. Wer muss sich in der Patchworkfamilie um die Bestattung kümmern und diese zahlen? Wer erhält eine Hinterbliebenenversorgung?

Bestattungspflichten

Die sogenannte Bestattungspflicht trifft die nächsten Angehörigen und ist über Landesgesetze geregelt. Zumeist sind die nächsten Verwandten bestattungspflichtig.

Werden jedoch im Landesbestattungsgesetz verschwägerte Personen aufgeführt, so können darunter auch – in der Regel volljährige – Stiefkinder fallen.

Die rechtliche Grundlage schafft das BGB in § 1590 Abs. 1 Satz 1: „Die Verwandten eines Ehegatten sind mit dem anderen Ehegatten verschwägert." Für eingetragene Lebenspartner gilt analog: „Die Verwandten eines Lebenspartners gelten als mit dem anderen Lebenspartner verschwägert" (§ 11 Abs. 2 Satz 1 LpartG).

Wer die Bestattung finanziell übernimmt, kann sich hinterher die Auslagen von den Erben ersetzen lassen.

Hinterbliebenenversorgung

Zahlte der Verstorbene in die gesetzliche Rentenversicherung ein oder war verbeamtet, kann die sogenannte gesetzliche Hinterbliebenenversorgung finanzielle Engpässe abmildern. Sie umfasst die Witwen-/Witwerrente, die Waisenrente und die Überbrückungszahlung während des Sterbevierteljahrs. War der Verstorbene verbeamtet, wird letztere durch das Sterbegeld ersetzt.

→ **TIPP**

Stellen Sie umgehend nach dem Tod Ihres Partners einen Antrag auf Witwen- oder Witwerrente. Die Anträge sind umfangreich. Holen Sie sich bei Bedarf Hilfe, zum Beispiel bei Beratungsstellen der Rentenversicherung oder bei einem freien Rentenberater gegen Honorar. Die Rente wird rückwirkend längstens für ein Jahr vor dem Monat der Beantragung ausgezahlt.

Überbrückungszahlung

In den ersten drei Monaten nach dem Sterbemonat erhält der Lebenspartner die volle Rente, die dem Verstorbenen aus seiner gesetzlichen Rentenversicherung zugestanden hätte – die Überbrückungszahlung für das Sterbevierteljahr. Das Besondere daran: Das Einkommen der Witwe/des Witwers wird nicht angerechnet. Allerdings wird das Geld nur bewilligt, wenn der Verstorbene zuvor mindestens fünf Jahre in die gesetzliche Rentenversicherung eingezahlt hat.

Witwen-/Witwerrente

Anspruch auf die Witwen-/Witwerrente bzw. das Witwen-/Witwergeld hat der aktuelle Ehepartner bzw. der eingetragene Lebenspartner des Verstorbenen. Die gesetzliche Grundlage findet sich im 6. Sozialgesetzbuch (§ 46 SGB VI). Diese Rente wird nach Ablauf des Sterbevierteljahres ausgezahlt, wenn der Verstorbene in der Regel mindestens fünf Jahre in die Rentenkasse eingezahlt hat.

! ACHTUNG

Geschiedene Ehen, aufgelöste Partnerschaften und das Zusammenleben ohne Heirat berechtigen nicht zum Bezug der Witwen-/Witwerrente.

Bei der großen Witwen-/Witwerrente erhält der Ehe- bzw. Lebenspartner 55 Prozent der Versichertenrente, wenn er ein minderjähriges Kind erzieht, erwerbsgemindert ist oder eine bestimmte Altersgrenze erreicht hat. Diese steigt von 45 Jahren und acht Monaten in 2019 auf 47 Jahre in 2029 stufenweise an.

Erfüllt der Hinterbliebene nicht diese Voraussetzungen, hat er lediglich Anspruch auf die kleine Witwen-/Witwerrente. Diese beträgt 25 Prozent der Rente des verstorbenen

Ehe- bzw. Lebenspartners und wird für maximal zwei Jahre gezahlt.

Wer ein oder mehrere Kinder bis zum dritten Lebensjahr erzogen hat oder noch erzieht, erhält zusätzlich zur Witwen-/Witwerrente einen Kinderzuschlag. Auch dieser beginnt nach der Überbrückungszahlung. Voraussetzung für den Kinderzuschlag ist, dass die Witwe/der Witwer ein leibliches Kind, ein Adoptivkind, ein Stiefkind oder Pflegekind erzogen hat. Es sind auch Kinder der Witwe/des Witwers zu berücksichtigen, die keine Kinder des verstorbenen Ehepartners sind. Wurde das Kind nicht die gesamten drei Jahre von der Witwe/dem Witwer erzogen, wird der Kinderzuschlag anteilig berechnet.

Das Einkommen des Hinterbliebenen wird auf die Zahlung angerechnet. Übersteigt das Nettoeinkommen den Freibetrag, werden 40 Prozent der Differenz auf die Witwen-/Witwerrente angerechnet. Der Freibetrag beläuft sich auf das 26,4-fache des Rentenwerts. Dieser wird bei jeder Rentenerhöhung angepasst. Der Freibetrag beläuft sich also zurzeit auf 902,62 Euro (West) beziehungsweise 877,27 Euro (Ost). Für jedes Kind mit Anspruch auf eine Waisenrente erhöht sich der Freibetrag monatlich um 191,46 Euro (West) und 186,09 Euro (Ost).

Gilt der Freibetrag also auch für Stiefkinder? Was ist, wenn das Stiefkind den Haushalt des Verwitweten verlässt (z. B. weil es zum leiblichen, getrennt lebenden Elternteil zurückziehen muss)?

Hierzu gibt die DRV Auskunft: „Ein Stiefkind oder Pflegekind ist nur für die Dauer der Aufnahme in den Haushalt der Witwe beziehungsweise des Witwers Kind des Berechtigten. In dieser Zeit wird ein erhöhter Freibetrag in der Einkommensanrechnung berücksichtigt. Dagegen verringert sich der Freibetrag um den erhöhten Kinderfreibetrag mit Auszug des Stief- oder Pflegekindes aus dem gemeinsamen Haushalt mit der Witwe/dem Witwer."

→ **Beamte:** Partner von verstorbenen Beamten erhalten Witwen-/Witwergeld. Dieses beläuft sich auf 55 Prozent des Ruhegehalts – vorausgesetzt, die Ehe bestand am Todestag mindestens ein Jahr. Hinzu kommt noch ein Kinderzuschlag für den Nachwuchs (§ 50 c BeamtVG).

Wurde die Ehe vor dem 1. Januar 2002 geschlossen und ist ein Partner vor dem 2. Januar 1962 geboren, werden 60 Prozent des Ruhegehalts ausgezahlt, der Kinderzuschlag entfällt.

Zudem gilt: Ist der überlebende Ehegatte mehr als 20 Jahre jünger als der Verstorbene und hat das Paar keine Kinder, wird das Witwen-/Witwergeld gekürzt.

→ **Generell gilt:** Wird erneut geheiratet/ eine Lebenspartnerschaft eingegangen, so entfallen die Zahlungen.

Allerdings kann eine Rentenabfindung beantragt werden: Sie wird auf einen formlosen Antrag hin einmalig gezahlt und beträgt das 24-fache der Witwen-/ Witwerrente, die in den letzten zwölf Monaten im Durchschnitt gezahlt wurde. War der Verstorbene verbeamtet, so wird eine Abfindung in Höhe des 24-fachen Monatsbeitrags des Witwen-/Witwergelds gezahlt. Die Waisenrente ist von einer erneuten Eheschließung unabhängig und wird weitergezahlt.

Waisenrente

Kinder können Halbwaisenrente beantragen, wenn ein Elternteil stirbt. Kommen beide Eltern ums Leben, steht ihnen Waisenrente zu. Für Patchworkfamilien ist nun wichtig: Nicht nur leibliche oder adoptierte Kinder des Verstorbenen sind anspruchsberechtigt, sondern auch Stiefkinder und Pflegekinder, die im Haushalt des Verstorbenen lebten.

Die Halbwaisenrente beläuft sich auf zehn Prozent, die Vollwaisenrente auf 20 Prozent der Versichertenrente, auf die der Verstorbene Anspruch gehabt hätte bzw. die er bereits bezogen hat. Waisenrenten werden bis zum 18. Geburtstag des Kindes gezahlt. Befindet sich die Waise jedoch in Schul- oder Berufsausbildung, leistet Freiwilligendienst oder ist behindert und kann nicht für sich selbst sorgen, dann wird die Rente bis zum 27. Geburtstag gezahlt.

Die Übergangszeit zwischen zwei Ausbildungen oder zwischen einem Freiwilligendienst und dem Ausbildungsbeginn darf höchstens vier Monate betragen.

Bei der Waisenrente wird eigenes Einkommen nicht angerechnet.

→ TIPP

Angehörige sollten sich möglichst rasch mit der Rentenversicherung des Verstorbenen in Verbindung setzen – unabhängig davon, ob es sich dabei um einen gesetzlichen, privaten, betrieblichen oder öffentlichen Träger handelt. Um die Formalitäten erledigen zu können, ist auf jeden Fall die Sterbeurkunde vorzulegen.

Erziehungsrente

Alleinerziehende haben es oft finanziell schwer. Stirbt nun der frühere Ehepartner und die monatlichen Unterhaltszahlungen fallen aus, können Geschiedene mit Kindern erst recht in eine schwierige Lage geraten. Helfen kann die Erziehungsrente. Sie gehört zu den „Renten wegen Todes" der Deutschen Rentenversicherung (DRV) und soll den Unterhalt des verstorbenen Partners ersetzen und so zur Erziehung des Kindes beitragen.

Für welche Kinder kann Erziehungsrente beantragt werden?

Diese für Patchworkfamilien spannende Frage beantwortet die DRV wie folgt: „Die Rente wird für die Erziehung eines eigenen oder eines Kindes des früheren Ehepartners", das das 18. Lebensjahr noch nicht vollendet hat, geleistet. Das Gleiche gilt für ein behindertes eigenes Kind oder Kind des früheren Ehepartners, unabhängig vom Alter des Kindes.

Ein Anspruch ist also immer grundsätzlich möglich, wenn es sich um ein eigenes oder ein Kind des früheren Ehepartners handelt. Das Kind muss vom Antragsteller erzogen werden.

Die Erziehungsrente ist kaum bekannt. Im Jahr 2018 wurden 1.457 Anträge auf Erziehungsrente gestellt, davon wurden 1.241 bewilligt. Im Jahr 2018 bezogen insgesamt 8.016 Menschen diese Leistung. Der durchschnittliche Zahlbetrag betrug für diese Rente 858 Euro monatlich.

Wie berechnet sich die Erziehungsrente?

Sie entspricht in ihrer Höhe der Rente wegen voller Erwerbsminderung. Wird die Rente vor dem 65. Geburtstag gezahlt, vermindert sie sich um einen Abschlag. Diese Höhe ist abhängig vom Lebensalter. Beginnt die Erziehungsrente vor dem 62. Geburtstag, beträgt der Abschlag 10,8 Prozent, zwischen dem 62. und 65. Geburtstag beträgt der Abschlag 0,3 Prozent für jeden Monat vor dem 65. Geburtstag.

Eigenes Einkommen oberhalb eines bestimmten Freibetrags wird zu 40 Prozent auf die Höhe der Rente angerechnet. Die Anzahl der Kinder wirkt sich indirekt auf die Höhe der Rente aus, da für jedes Kind ein Freibetrag bei der Einkommensanrechnung berücksichtigt wird.

Die Höhe des Freibetrages hängt davon ab, ob die Familie in den neuen oder den alten Bundesländern wohnt. Der Freibetrag beträgt für die Erziehungsrente monatlich in den alten Bundesländern 902,62 Euro, in den neuen Bundesländern 877,27 Euro.

Für jedes Kind, das grundsätzlich Anspruch auf eine Waisenrente hat, steigt der Freibetrag monatlich um 191,46 Euro in den alten und um 186,09 Euro in den neuen Bundesländern.

→ **TIPP**

Was alles zu Einkommen und Vermögen zählt und wie die einzelnen Posten angerechnet werden, ist der DRV-Broschüre „Hinterbliebenenrente: Hilfe in schweren Zeiten" zu entnehmen („Weiterführende Informationen", → Seite 178).

Antrag und Voraussetzungen

Die Erziehungsrente ist beim zuständigen Rentenversicherungsträger zu beantragen. Anders als etwa die Witwenrente wird die Erziehungsrente aus der Versicherung des Überlebenden gezahlt. Bezogen werden kann sie in der Regel bis zum 18. Geburtstag des Kindes.

Vorausgesetzt wird, dass derjenige fünf Jahre lang Beiträge in die gesetzliche Rentenversicherung eingezahlt hat, und die Ehe nach dem 30. Juni 1977 geschieden wurde. Der Antragsteller darf auch nicht wieder geheiratet haben.

Der Anspruch auf eine Erziehungsrente entfällt aber nicht, wenn die neuen Patchworkeltern ohne Trauschein zusammenleben. Die Kinder des neuen Partners bleiben jedoch bei der Erziehungsrente außen vor.

Was übrig bleibt – Erbe in der Patchworkfamilie

Über den Tod denkt niemand normalerweise gerne nach. Nicht über den eigenen und auch nicht über den der nahen Angehörigen. Doch wissen wir alle, dass er unausweichlich ist. Daher ist es ein beruhigendes Gefühl, die Angelegenheiten geordnet zu haben. Dies ist in einer Patchworkfamilie besonders schwierig und wichtig zugleich.

Wie ist es, wenn Kinder in einer Patchworkfamilie leben? Wieviel erben dann meine, deine, unsere Kinder? Erben sie überhaupt? Wie sieht es mit dem Ex-Partner des verstorbenen Elternteils aus – ist der über das gemeinsame Kind am Nachlass beteiligt oder sogar erbberechtigt?

Die Probleme sind komplex. Denn im gesetzlichen Erbrecht, das als kompliziert gilt, ist die Patchworkfamilie nicht vorgesehen. Im Folgenden soll ein Bewusstsein für die Stolpersteine geschaffen werden. So können Betroffene dann bei der individuellen Rechtsberatung durch einen Fachanwalt oder Notar die für sie wichtigen Fragen stellen.

Um also dem Lebensabend gelassen entgegenschauen zu können, ist es gut, den Nachlass zu regeln – dazu möchte dieses Kapitel ermuntern. Zunächst wird die gesetzliche Erbfolge vorgestellt. Sie greift, wenn kein gültiger letzter Wille vorliegt. Hier wird deutlich, wie wichtig ein Testament ist, damit nicht der Zufall über den Nachlass regiert. Die Themen Freibeträge, Steuern und Vermögensaufstellung werden genauso aufgegriffen, wie Themen, die speziell für Patchworkfamilien wichtig sind – beispielsweise, ob der Ex-Partner Zugriff auf einen Teil des Erbes erlangen kann.

Wie sieht die gesetzliche Erbfolge aus?

Um die Probleme beim Erben in einer Patchworkfamilie zu klären, muss man zunächst das gesetzliche Erbrecht kennen. Der Erbe wird zum Gesamtrechtsnachfolger, er bzw. die Erbengemeinschaft tritt in die Fußstapfen des Verstorbenen, übernimmt dessen Rechte und Pflichten. Eine Erbengemeinschaft muss daher einstimmig beschließen.

Wer als Erbe wie viel erhält, richtet sich nach dem Verwandtschaftsverhältnis. Im Erbrecht sind die Verwandten je nach Abstammung in Ordnungen aufgeteilt:

1. **Ordnung:** Kinder des Erblassers und Enkelkinder (§ 1924 BGB)
2. **Ordnung:** Eltern des Erblassers, Geschwister und Nichten und Neffen, auch geschiedene Elternteile der verstorbenen Person (§ 1925 BGB)
3. **Ordnung:** Großeltern des Erblassers, Onkel und Tanten, Cousins und Cousinen (§ 1926 BGB)

Es erben zunächst die leiblichen Kinder, eheliche, nicht eheliche und adoptierte. Sie verdrängen alle weiter entfernten Angehörigen. Stiefkinder gehören hier – anders als bei Erbschaftsteuer und Freibeträgen – nicht zur Gruppe der Kinder.

Neben den Kindern erbt der Ehegatte, abhängig vom Güterstand in der Ehe.

Sind keine Kinder vorhanden, sind die Eltern des Verstorbenen an der Reihe (Erben der 2. Ordnung), anschließend deren Kinder, also die Geschwister des Verstorbenen. Auch hier erbt daneben der Ehegatte. Das Erbrecht des überlebenden Ehegatten schränkt also das Erbrecht der Verwandten ein.

HINTERGRUND

Wie war es bis 1970?

Bis 1970 galt das uneheliche Kind als illegitim. Erkannte der Vater die Vaterschaft nicht an, so hatte es keinen Erbanspruch.
Durch das Nichtehelichengesetz vom 19. August 1969 wurde die Rechtsstellung des nichtehelichen Kindes deutlich verbessert. Es wurde als gesetzlicher Erbe der 1. Ordnung im Verhältnis zur Mutter wie auch zum Vater anerkannt, es hatte nun immerhin Erbersatzansprüche. Für Erbfälle seit dem 1. April 1998 ist es dem ehelichen Kind gleichgestellt (Erbrechtsgleichstellungsgesetz). Das uneheliche Kind wird Teil der Erbengemeinschaft und hat volles Erbrecht.

Kenntnisse des Erbrechts

Wissen Sie über die Regelungen des Erbrechts Bescheid?

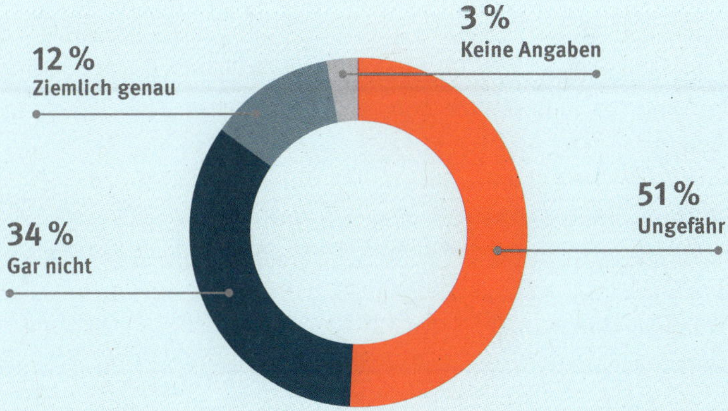

Halten Sie das deutsche Erbrecht für kompliziert?

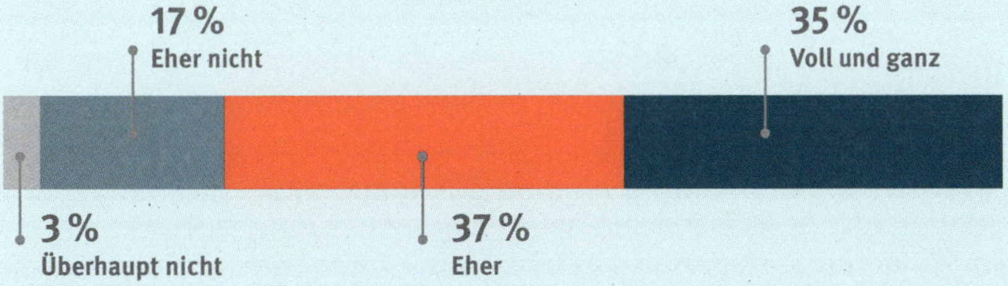

Basis: Bundesrepublik Deutschland, Bevölkerung ab 16 Jahre,
Quelle: IfD Allensbach, aus: Deutsche Bank Studie „Erben und Vererben“ 2015.

„Auch kein kleines Erinnerungsstück“

DR. STEPHANIE HERZOG, Rechtsanwältin und Fachanwältin für Erbrecht, Mitglied des Gesetzgebungsausschusses für Erbrecht im Deutschen Anwaltsverein, Würselen.

Viele Partner leben ohne Trauschein zusammen. Wenn nun einer stirbt, ohne einen letzten Willen zu hinterlassen, was erbt der andere?
Nichts. Auch kein kleines Erinnerungsstück. Ein Testament, Erbvertrag oder Vermächtnis, mit dem ich den Partner absichere, ist unerlässlich. Besonders, wenn einer oder beide Partner Kinder mit in die Beziehung gebracht hat.

Wie verhält es sich bei leiblichen Kindern?
Nichteheliche haben dieselben Ansprüche wie eheliche. Doch gibt es hier oft Konflikte: Eine Erbengemeinschaft zwischen leiblichen Kindern aus verschiedenen Beziehungen funktioniert meistens nicht. Beispiel: Der Mann hinterlässt das Haus, in dem er mit seiner neuen Familie lebte. Ein Kind aus erster Ehe besteht darauf, dass sein Anteil ausgezahlt wird, auch wenn dafür das Haus verkauft werden muss.

Wie ist es in Familien, in denen Stief- und leibliche Kinder leben?
Wenn ein Kind mit dem Verstorbenen nicht verwandt ist, geht es leer aus. Wird es allerdings im Testament bedacht, ist es dem leiblichen Kind in puncto Steuern und Freibetrag gleichgestellt. Gegenläufige Pflichtteilsansprüche der Kinder aus verschiedenen Beziehungen können „gerechten“ Ergebnissen zuwiderlaufen.

Stiefkinder kommen im Erbrecht zu kurz. Was müsste sich ändern?
Nach aktueller Rechtslage muss das Stiefkind der hinterbliebenen Person in Kauf nehmen, dass ein wesentlicher Teil elterlichen Vermögens beim Tod des leiblichen Elternteils auf den Ehepartner, also den Stiefelternteil übergeht und dann auch in dessen Familie verbleibt. Diese Regelung ist unbefriedigend. Dem Stiefkind bleibt nur, den Pflichtteil gegen den Stiefelternteil geltend zu machen, was wiederum diesen stark belasten kann. Es wäre sicherlich sinnvoll, die Pflichtteilsansprüche so auszugestalten, dass sie erst nach dem Tod des überlebenden Partners verjähren. So erhielte das Stiefkind „seinen“ Anteil und der Stiefelternteil wäre zugleich lebzeitig geschützt.

Sind die Eltern verstorben und es sind keine Geschwister vorhanden, so wird die 3. Ordnung der Großeltern mit deren Kindern bedacht, also Onkel und Tanten, gegebenenfalls Cousinen und Cousins.

→ **Fazit:** Das geltende Erbrecht privilegiert den aktuellen Ehegatten/eingetragenen Lebenspartner sowie alle leiblichen und adoptierten Kinder. Keine Verwandten sind Schwiegereltern oder Schwägerin und Schwager, Stiefkinder und Lebensgefährten.

Der Zufall regiert

In einer Patchworkfamilie entscheidet der Zufall, wo das Vermögen landet. „Ein Testament ist daher hier unabdingbar", sagt Rechtsanwältin Stephanie Herzog.

→ **„Kirsten und Markus":**
Markus hat zwei Töchter aus seiner ersten Ehe mit Mathilda. Er heiratet wieder und bekommt mit der zweiten Ehefrau Kirsten noch zwei Söhne. Wer erbt wie viel, wenn Markus stirbt? Die erste Ehefrau geht leer aus. Kinder erben gesetzlich zu gleichen Teilen, unabhängig davon, ob sie ehelich, nichtehelich oder adoptiert sind. Je nachdem, in welchem Güterstand Markus und Kirsten verheiratet waren, führt dies zu unterschiedlichen Erbquoten von Kirsten und den vier Kindern von Markus.

Zugewinngemeinschaft

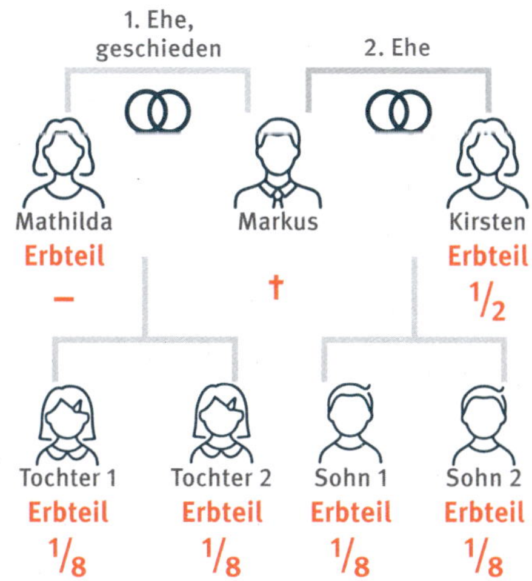

Haben sich Markus und Kirsten für die Zugewinngemeinschaft entschieden, so erbt Kirsten pauschal die Hälfte des Nachlasses. Die Kinder von Markus teilen sich die andere Hälfte des Nachlasses zu gleichen Teilen.

Doch Achtung: Dies gilt nur im ersten Erbfall! Nach dem Tod von Kirsten erben nur ihre beiden Söhne. Die Töchter aus der ersten Ehe von Markus gehen leer aus.

→ **BEISPIEL:** Markus hinterlässt 400.000 Euro. Kirsten bekommt 200.000 Euro, die vier Kinder jeweils 50.000 Euro. Kurze Zeit danach stirbt Kirsten. Ihr Nachlass fließt ausschließlich an ihre beiden Söhne. Sie hat kaum eigenes Vermögen aufgebaut, so dass ihr Nach-

§ GESETZLICHE GRUNDLAGE

Stiefkindadoption

„Durch eine Adoption des Stiefkindes können gesetzliche Erbrechte und Pflichtteilsrechte angepasst werden“, erklärt Rechtsanwältin Stephanie Herzog. Unterschieden wird die Adoption Erwachsener und Minderjähriger.
Rund 62 Prozent der Adoptionen Minderjähriger geschehen durch Stiefmütter und -väter, gibt das Statistische Bundesamt an. Diese Adoptionen sind nur mit dem Einverständnis der leiblichen Eltern möglich. Diese Einwilligungen können aber unter bestimmten Voraussetzungen vom Familiengericht ersetzt werden. Jugendliche ab 14 Jahre müssen auch zustimmen. Eine Adoption Minderjähriger begründet also ein juristisch anerkanntes Eltern-Kind-Verhältnis, die Bindungen zur leiblichen Familie erlöschen – ein sehr weitreichender Schritt (ab § 1741 BGB).
Bislang bestand ein Unterschied zwischen ehelichen und nicht-ehelichen Patchworkfamilien. Eine Stiefkindadoption ist nur möglich gewesen, wenn der Stiefelternteil mit dem rechtlichen Elternteil verheiratet ist. In nichtehelichen Patchworkfamilien hingegen kann der Stiefelternteil die Kinder des rechtlichen Elternteils nicht adoptieren, ohne dass die Verwandtschaft der Kinder zu diesem erlischt (§ 1754 Abs. 1 und Abs. 2 und § 1755 Abs. 1 Satz 1 und Abs. 2 BGB). Folge: Das Kind hätte dann nur den Stiefelternteil als rechtlichen Elternteil. Das liegt typischerweise nicht im Interesse der Beteiligten. Die Stiefkindadoption ist dadurch nach geltendem Recht in nichtehelichen Familien faktisch nicht möglich.
Das Bundesverfassungsgericht hat mit Beschluss vom 26. März 2019 (Az. 1 BvR 673/17) dem Gesetzgeber bis zum 31. März 2020 Zeit für eine neue Regelung gegeben, da die bisherige gegen Artikel 3 Abs. 1 GG verstoßen würde (allgemeines Gleichbehandlungsgebot). Der Bundestag hat am 13. Februar 2020 den Gesetzentwurf der Bundesregierung angenommen, in dem die Entscheidung des Bundesverfassungsgerichts umgesetzt worden ist (19/17154).

Die Vorschriften über die Stiefkindadoption in ehelichen Familien werden danach auf Personen in einer „verfestigten Lebensgemeinschaft in einem gemeinsamen Haushalt“ entsprechend angewendet. Interessant ist hier, wann eine solche angenommen wird. Laut Bundestag liegt sie „nach mindestens vierjährigem Zusammenleben oder bei Zusammenleben mit einem gemeinsamen Kind vor“.
Möchten sich Minderjährige nicht aus ihren Herkunftsfamilien lösen, so ist später an eine Erwachsenenadoption zu denken (ab § 1767 BGB). Hier bleibt die Bindung zwischen dem Adoptierten und seiner leiblichen Familie bestehen, obwohl durch die Adoption neue Familienverhältnisse entstehen. Die Adoptierten – und auch die Adoptierenden – erhalten sämtliche Rechte und Pflichten, die sich →

→
auch aus einem leiblichen Familienverhältnis ergeben.
In Erbfällen bedeutet Adoption: Adoptierte können Ansprüche am Nachlass geltend machen, sie haben die gleichen Rechte wie leibliche Kinder. Bei einer Erwachsenenadoption haben Adoptierte zusätzlich ein Recht auf eine Erbschaft aus dem Nachlass der leiblichen Eltern, da keine Ausgliederung aus der leiblichen Familie stattgefunden hat.
Eine Adoption ist nicht zu verwechseln mit der bloßen Annahme des Nachnamens.

Kann ein Kind den Nachnamen des Stiefelternteils annehmen?
Es ist zwar möglich, dem Kind aus erster Ehe den (neuen) Ehenamen zu geben. Dazu muss eine entsprechende Erklärung der Patchworkeltern gegenüber dem Standesamt abgegeben werden. Allerdings muss der andere Elternteil zustimmen, wenn er das Mitsorgerecht hat oder wenn das Kind dessen Namen führt.
Diese Zustimmung kann im Fall der Verweigerung durch das Familiengericht ersetzt werden, falls der neue Name zum Wohle des Kindes erforderlich ist. Hat das Kind das fünfte Lebensjahr vollendet, muss es ebenfalls zustimmen.

lass im Wesentlichen aus der Erbschaft von Markus besteht. Diese 200.000 Euro gehen nun zu gleichen Teilen an ihre Söhne. Die Töchter aus erster Ehe – also die Stieftöchter von Kirsten – werden nicht bedacht, sie haben lediglich einen Ausbildungskostenanspruch gegen den Nachlass. Betrachtet man also beide Erbfälle zusammen, so haben seine Töchter aus erster Ehe jeweils 50.000 Euro erhalten, seine Söhne aus zweiter Ehe jedoch jeweils 150.000 Euro.

Gütertrennung

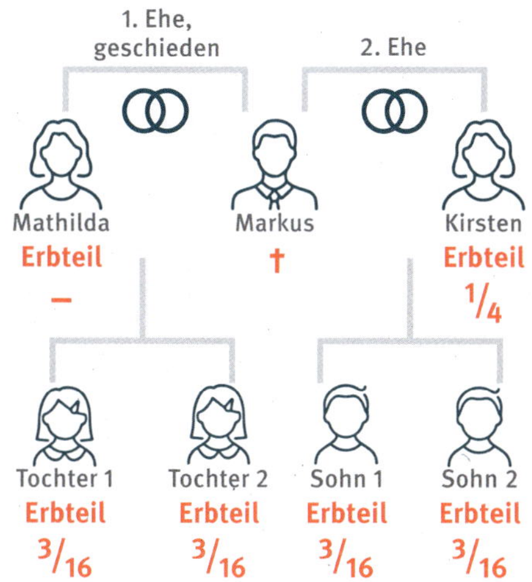

Bei der Gütertrennung ist die Erbquote des Ehegatten von der Anzahl der erbberechtigten Kinder abhängig: Bei einem Kind erbt der Ehegatte zu ½, bei zwei Kindern zu ⅓, bei drei und mehr Kindern zu ¼.

In dem Beispiel fällt der zweiten Ehefrau Kirsten ein Viertel des Nachlasses zu. Die Kinder von Markus werden gleichgestellt. Somit teilen sie sich drei Viertel des Nachlasses zu gleichen Teilen. Auch hier heißt es: Vorsicht. Denn dies gilt nur im ersten Erbfall. Nach dem Tod von Kirsten erben nur ihre beiden Söhne. Die Töchter aus der ersten Ehe erhalten nichts.

→ **BEISPIEL:** Markus hinterlässt 400.000 Euro. Kirsten bekommt 100.000 Euro, die vier Kinder jeweils 75.000 Euro. Kurze Zeit später stirbt Kirsten. Ihr Nachlass fällt ausschließlich an ihre beiden Söhne. Sie hat kaum eigenes Vermögen aufgebaut, so dass ihr Nachlass vor allem aus der Erbschaft von Markus besteht. Diese 100.000 Euro fließen nun zu gleichen Teile an ihre Söhne. Die Töchter aus erster Ehe – also die Stieftöchter von Kirsten – werden nicht bedacht, bei Gütertrennung entfällt auch der Ausbildungskostenanspruch gegen den Nachlass. Betrachtet man also beide Erbfälle zusammen, so haben die Töchter aus erster Ehe jeweils 75.000 Euro bekommen, die Söhne aus zweiter Ehe jeweils 125.000 Euro.

Wird im Beispielfall die Reihenfolge des Todes verändert, wirkt sich das auf die Höhe der Erbteile der Kinder aus. Da Kirsten im Beispielfall kaum eigenes Vermögen aufgebaut hat, ist bei ihrem Tod kein Nachlass zu verteilen. Nach dem Tod von Markus erben alle vier Kinder zu gleichen Teilen. Jedes Kind erhält also 100.000 Euro.

→ **„Karo und Julian“:**
Noch deutlicher werden die Unterschiede in einem anderen Fall: Julian hat zusammen mit Annalena, seiner Frau aus erster Ehe zwei Töchter. Karo, die zweite Ehefrau von Julian bringt Vermögen mit in die Ehe – gehen wir wieder von 400.000 Euro aus. Sie hat bereits einen Sohn aus einer vorherigen Beziehung, der mit im gemeinsamen Patchworkhaushalt lebt. Zudem bekommen Julian und Karo einen gemeinsamen Sohn.

Wie sieht die Erbverteilung aus, wenn Karo stirbt?

Zugewinngemeinschaft

→ **BEISPIEL:** Karo hinterlässt 400.000 Euro. An Julian fließen 200.000 Euro, an ihre beiden Söhne je 100.000 Euro. Julian stirbt kurz nach seiner Frau. Er hat kaum eigenes Vermögen aufgebaut, so dass sein Nachlass aus der Erbschaft von Karo besteht. Sein Nachlass fließt an seine beiden Töchter aus erster Ehe und Sohn 1, jeder erhält demnach rund 66.666 Euro. Der Sohn aus Karos aus erster Beziehung – also der Stiefsohn von Julian – wird nicht bedacht, er hat nur einen Ausbildungskostenanspruch gegen den Nachlass. Betrachtet man also beide Erbfälle zusammen, so haben die Töchter aus Julians erster

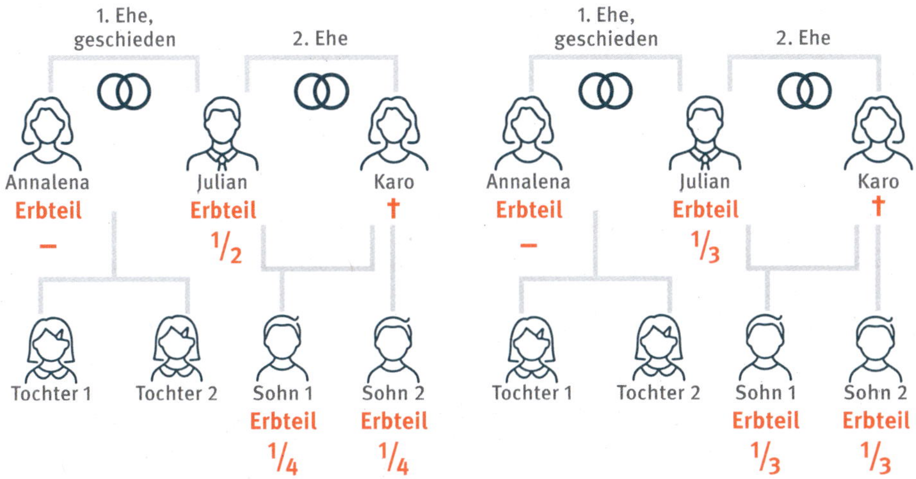

Ehe jeweils 66.666 Euro erhalten, der gemeinsame Sohn 1 rund 166.666 Euro und Sohn 2 aus Karos früherer Beziehung 100.000 Euro.

Gütertrennung

→ **BEISPIEL:** Karo hinterlässt 400.000 Euro. Ihr Mann Julian und ihre beiden Söhne bekommen jeweils ein Drittel, also rund 133.333 Euro. Kurze Zeit später stirbt Julian. Er hat kein eigenes Vermögen, so dass sein Nachlass aus der Erbschaft von Karo besteht. Sein Nachlass fällt an seinen Sohn 1 sowie an seine beiden Töchter zu gleichen Teilen (je rund 44.444 Euro). Sein Stiefsohn 2 wird nicht bedacht, bei Gütertrennung entfällt auch der Ausbildungskostenanspruch gegen den Nachlass.

Betrachtet man also beide Erbfälle zusammen, so haben die Töchter aus Julians erster Ehe jeweils 44.444 Euro erhalten, obwohl das Vermögen ursprünglich von der zweiten Ehefrau stammte. Der gemeinsame Sohn 1 erhält 177.777 Euro, Sohn 2 hingegen bekommt 133.333 Euro.

In diesen Beispielen haben die Eheleute Kirsten und Markus sowie Karo und Julian kein Testament gemacht, was in etlichen Konstellationen nachteilig ist.

Viele Ehegatten sind der Meinung, dass beispielsweise das gemeinsame Haus nach dem eigenen Tod automatisch dem anderen alleine gehört. Aber ohne Testament oder Erbvertrag können weitere Personen, wie die eigenen Kinder, aber sogar entfernte Verwandte zu Miterben werden. Ebenfalls zeigen die Beispiele, dass die Hand des Zufalls – wer stirbt zuerst – große Auswirkungen hat, ebenso die Alternativen Zugewinngemeinschaft oder Gütertrennung. Auch wird deutlich, wie ungleich die Kinder behandelt werden – auch ohne weitere Gesichtspunkte (Freibeträge, Steuern) zu betrachten.

Wie ist die gesetzliche Erbfolge bei nicht verheirateten Patchworkeltern?

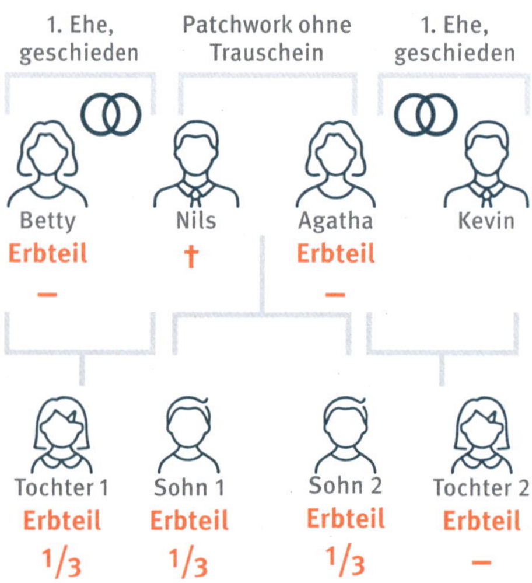

Das Wichtigste vorweg: Ein gesetzliches Erbrecht für nicht verheiratete Partner und für Stiefkinder gibt es nicht.

Folgendes Beispiel soll das verdeutlichen.

→ **„Agatha und Nils“:**
Nils hat eine Tochter (1) aus seiner ersten Ehe. Er lebt unverheiratet mit seiner Lebensgefährtin Agatha zusammen und bekommt mit ihr zwei Söhne. Agatha hat noch eine Tochter (2) aus früherer Ehe. Wenn Nils stirbt, erbt Agatha nichts, ebenso wenig Tochter 2. Die beiden gemeinsamen Söhne und Tochter 1 hingegen erben zu je einem Drittel.

Mit einem Testament oder einem Erbvertrag könnte Nils seine Lebensgefährtin Agatha und auch deren Tochter an seinem Vermögen beteiligen. „Allerdings kann sie dann belastet sein mit Pflichtteilsansprüchen der Kinder“, gibt Stephanie Herzog zu bedenken.

Der Staat erbt mit: Freibeträge und Steuern

Die Höhe der Erbschaftsteuer wird nicht nur durch die Höhe des vererbten Vermögens bedingt. Auch Steuerklasse und Freibetrag sind wichtig – beide hängen vom Verwandtschaftsverhältnis zum Erblasser/Schenkenden ab. Wer ein großes Vermögen besitzt, könnte schon zu Lebzeiten einen Teil an die späteren Erben verschenken. Die Freibeträge lassen sich alle zehn Jahre neu nutzen.

Wie hoch sind die Freibeträge?

Bei den meisten Patchworkfamilien wird das Thema Erbschaftsteuern eine Rolle spielen. Diese Steuern und auch die Freibeträge sind sehr unterschiedlich, je nachdem in welchem Verwandtschaftsverhältnis die Personen zueinander stehen.

So hat beispielsweise der Ehepartner einen Freibetrag in Höhe von 500.000 Euro. Der Erbteil, der darüber hinaus geht, wird mit sieben Prozent aufwärts versteuert. Bei eigenen Kindern und auch bei den Stiefkindern liegt der Freibetrag bei 400.000 Euro, danach wird ebenfalls eine Steuer von sieben Prozent aufwärts fällig. In einer Patchworkfamilie ohne Trauschein werden Lebensgefährten und Patchworkkinder, die in keinem Verwandtschaftsverhältnis zur verstorbenen Person stehen, hingegen wie „übrige Erben" behandelt. Das heißt für sie: Wenn sie im Testament bedacht werden, liegt der Freibetrag bei 20.000 Euro, darüber hinaus werden mindestens 30 Prozent an Erbschaftsteuer fällig. Die Freibeträge sind in § 16 ErbStG (Erbschaft- und Schenkungsteuergesetz) aufgelistet.

Freibeträge

Ehepartner; eingetragene Lebenspartner	500.000 Euro
Kinder (leibliche Kinder, Stief-, Adoptivkinder) sowie Enkel, deren Eltern bereits verstorben sind	400.000 Euro
Enkel, deren Eltern noch leben; Urenkel	200.000 Euro
Eltern; Großeltern	100.000 Euro (Erbschaft) 20.000 Euro (Schenkung)
Andere Verwandte	20.000 Euro
Übrige Erben	20.000 Euro

Zusätzlich zu den oben genannten Beträgen nach § 16 ErbStG gelten noch weitere Steuerbefreiungen. Eine genaue Übersicht dieser Freibeträge ist unter § 13 ErbStG zu finden. Zu den wichtigsten zählen der Versorgungsfreibetrag sowie der sachliche Freibetrag.

→ **Versorgungsfreibetrag:** Ehepartnern, eingetragenen Lebenspartnern und Kindern kann zusätzlich ein sogenannter Versorgungsfreibetrag zustehen (§ 17 ErbStG). Er beträgt im Erbfall für den überlebenden Ehegatten und eingetragenen Lebenspartner 256.000 Euro. Bei Kindern, Stief-, Adoptivkindern sowie Enkeln, deren Eltern bereits verstorben sind, ist er von deren Alter abhängig und liegt in einer Spanne von 10.300 Euro bis 52.000 Euro. Allerdings gelten die Versorgungsfreibeträge im Erbfall nur in voller Höhe, wenn die Erben keine weiteren Versorgungsbezüge, zum Beispiel Witwen- oder Waisenrente erhalten. Andernfalls werden die jeweiligen Kapitalwerte der Renten abgezogen. Bei Schenkungen gelten die Versorgungsfreibeträge übrigens nicht.

→ **Sachlicher Freibetrag:** Erben mit der Steuerklasse I können zusätzlich Hausrat im Wert von maximal 41.000 Euro steuerfrei erhalten. Für andere bewegliche Gegenstände, die nicht als Hausrat gelten (z. B. Pkw), liegt die Grenze bei 12.000 Euro. Erben mit den Steuerklassen II und III hingegen haben insgesamt – also Hausrat und andere bewegliche Gegenstände – eine Freigrenze bei 12.000 Euro.

→ **TIPP**

Wird das Familienheim an den Ehegatten, eingetragenen Lebenspartner oder die Kinder vererbt, so ist dies steuerfrei. Voraussetzung hierfür ist, dass besagte Erben die Immobilie unverzüglich zehn Jahre lang eigennutzen.

Wie hoch sind Erbschaft- und Schenkungsteuern?

Bei der Erbschaftsteuer wird zwischen drei Klassen unterschieden:

- → Steuerklasse I: Ehegatten, eingetragene Lebenspartner; Kinder, Stiefkinder sowie der Nachwuchs dieser Kinder und Stiefkinder; Eltern und Voreltern (in der Regel die Großeltern, aber auch die Generation der Urgroßeltern) bei Erwerben von Todes wegen
- → Steuerklasse II: Geschwister und Geschwisterkinder; Stiefeltern und Schwiegereltern, Schwiegerkinder, geschiedene Ehegatten
- → Steuerklasse III: alle übrigen Erwerber

Bei Schenkungen sind die Steuerklassen ebenso anzuwenden. Ausnahme: Eltern und Voreltern fallen hierbei in Steuerklasse II.

ZU VERSTEUERNDES ERBE (NACH ABZUG DES FREIBETRAGS) IN EURO	STEUERKLASSE I	STEUERKLASSE II	STEUERKLASSE III
bis 75.000	7 %	15 %	30 %
bis 300.000	11 %	20 %	30 %
bis 600.000	15 %	25 %	30 %
bis 6.000.000	19 %	30 %	30 %
bis 13.000.000	23 %	35 %	50 %
bis 26.000.000	27 %	40 %	50 %
über 26.000.000	30 %	43 %	50 %

GUT ZU WISSEN

Schenkung

Womöglich können sich in einer Patchworkfamilie Schenkungen anbieten, um die Kinder zu bedenken.
Eine Schenkung lässt sich als eine vorweggenommene Erbschaft beschreiben. Sinnvoll kann sie für Nachlässe sein, bei denen hohe Erbschaftsteuern anfallen würden. Sie ist gut zu überlegen, denn die Erblasser müssen sich auch für ihr Alter absichern. Sind genügend Reserven vorhanden, um mögliche Pflegekosten zu begleichen?
Schenkungen bis zum Freibetrag sind alle zehn Jahre möglich, ohne dass Steuern fällig würden.

- **Rückforderungsvorbehalt:** Um es gleich vorwegzunehmen: Diese Klausel bedeutet nicht, dass Sie dem Beschenkten misstrauen. Sie dient lediglich der Absicherung, denn niemand weiß, welche Hürden das Leben in der Zukunft bereithält. Beispiel: Pflegekosten. Der Rückforderungsvorbehalt bedeutet, dass der Schenker seine Schenkung rückgängig machen kann. Falls Sie eine Immobilie verschenken, lassen Sie sich diesen Vorbehalt (sogenannte Rückauflassungsvormerkung) auch im Grundbuch eintragen.
- **Nießbrauch:** Unter Nießbrauch ist zu verstehen, dass Wohnung oder Haus schon zu Lebzeiten übertragen werden, man aber weiterhin dort wohnt. Nießbrauch wird im Grundbuch eingetragen und muss notariell beurkundet werden. Das Recht endet mit dem Tod des Nießbrauchers.

Achtung: Oft wird Wohnrecht umgangssprachlich mit Nießbrauch gleichgesetzt. Doch Wohnrecht bedeutet nur das Recht zum Wohnen. Nießbrauch geht darüber hinaus und schließt auch den wirtschaftlichen Nutzen mit ein. Der Nießbraucher dürfte sich auch entscheiden, die Wohnung zu vermieten. Die Mieteinnahmen stünden ihm zu.

→ **TIPP Gutachten einholen**
Das verschenkte und vererbte Vermögen ist mit dem „gemeinen Wert“ anzusetzen. Unter „gemeinem Wert“ ist der Marktwert zu verstehen. Das Bewertungsgesetz (zuletzt 2014 geändert) sieht als Stichtag den Todestag vor. Bei Immobilien gilt also nicht der ursprüngliche Kaufpreis. Im Falle einer Erbengemeinschaft lässt man am besten direkt nach dem Tod des Erblassers ein Gutachten erstellen.

Die Vermögensaufstellung: Wie viel gibt es zu vererben?

Ein Mustertestament für alle Patchworkfamilien zu finden, ist wegen der Vielfalt an Familienkonstellationen und Zielsetzungen nicht möglich. „Es würde nie der individuellen Situation der Familie und dem Willen des Erblassers gerecht", sagt Rechtsanwältin Stephanie Herzog. Eine Vermögensaufstellung ist jedoch immer eine gute Idee und schafft Klarheit über den zu verteilenden Nachlass.

Um einen Überblick zu erhalten, wie es um das eigene Vermögen steht, sind Geld- und Sachwerte aufzulisten. Schulden werden abgezogen. So erhält der Erblasser eine Vorstellung davon, was es im Erbfall überhaupt zu verteilen gibt. (→ Seite 164)

Was ist beim letzten Willen zu beachten?

Ein Testament ist in vielen Patchworkfamilien unabdingbar. Denn nur so lässt sich gestalten, in welche Hände der Nachlass fallen soll. Wer keine – oder unklare – Verfügungen abschließt, riskiert, dass die Erben vor Gericht streiten oder dass nahestehende Menschen nicht bedacht werden.

Ein Testament kann selbst verfasst werden. Dann muss es handschriftlich aufgesetzt sein, datiert und unterschrieben. Ein getipptes Testament, eine Kopie oder eine Sprachaufnahme werden nicht anerkannt. Doch erscheint es vielen als zu kompliziert, ein Testament aufzusetzen. Selbst wenn man schon weiß, was man wem hinterlassen möchte, so ist es doch oft schwer, die passenden Formulierungen zu finden, die dann auch juristisch haltbar sind.

Das Testament kann zu Hause aufbewahrt werden. „Dann muss aber sichergestellt sein, dass es nach dem Tod von einer vertrauenswürdigen Person aufgefunden und zum Nachlassgericht gebracht wird", warnt Rechtsanwältin Herzog. „Alternativ kann es beim Nachlassgericht schon zu Lebzeiten hinterlegt werden. Das ändert nichts daran, dass es jederzeit widerrufen oder geändert werden kann", beruhigt die Anwältin. So wird sichergestellt, dass es im Erbfall gefunden wird und vor Fälschung oder Beschädigung geschützt ist.

Der andere Blickwinkel

Kommentar von Katharina Grünewald, Psychologin aus Köln

Beim Erbe stellt sich ganz klar die Frage: Wer erhält meine Zuwendung? Gerade bei Patchworkfamilien sind die Sorgen groß, im Erbfall nichts oder zu wenig vom Nachlass zu erhalten. Zum einen gibt es Bedenken, der Kuchen müsse unter zu vielen Beteiligten aufgeteilt werden, wenn die Familie komplex und groß ist.

Zum anderen befürchten die Stiefkinder oft, dass sie beim Erbe schlechter gestellt werden. Diese Befürchtung besteht vielfach zu Recht – nicht nur aus erbrechtlichen Gründen. Viele Erblasser stellen ihre Stiefkinder tatsächlich bewusst schlechter. Auch wenn man im Alltag in der Familie lebt und sich fest vornimmt, keine Unterschiede zwischen „deinen" und „meinen" Kindern zu machen, so gibt es immer Unterschiede. Ob einfach Blut dicker ist als Wasser oder man sich vielleicht sogar umgekehrt mit den Stiefkindern besser versteht als mit den eigenen, und das im Alltag nicht zugeben kann – im Testament kann man es offen und ehrlich benennen. Meist spüren auch die Kinder oder Stiefkinder diese Unterschiede. Nur um den Schein oder den Familienfrieden zu wahren, wird zu Lebzeiten „mitgespielt".

Sie spüren die unterschwelligen Probleme und Konflikte, berichten oft, dass sie nur aus Liebe zur Mutter beispielsweise den Stiefvater akzeptiert haben. Dafür erwartet das Stiefkind dann vielleicht im Testament eine Belohnung. Doch oft bleibt diese dann aus, weil im Testament offensichtlich wird: Zuwendung in Form von Geld bekommt der, der im Patchworkalltag echte Zuwendung und Zuneigung gelebt hat.

→ **TIPP Testamentsaufbewahrung**

Falls Sie das Testament zu Hause aufbewahren: Am besten werden alle wichtigen Dokumente in einem Ordner oder einer Mappe gebündelt – Liste über Vermögensgegenstände, Bankverbindungen, Adressen von Erben, Vorsorge- und Patientenverfügung.

Das Testament kann auch beim Zentralen Testamentsregister gemeldet werden, das von der Bundesnotarkammer geführt wird. Die Gebühr für die Registrierung beträgt einmalig 18 Euro.

Zudem kann ein Testament auch von einem Notar aufgesetzt werden. Wer nicht mehr leserlich schreiben kann, „unübersicht-

Vorlage zur Vermögensaufstellung

VERMÖGENSART		WERT IN EURO AM XX.YY.20XX
IMMOBILIEN		
GELDWERTE		
Konten (mit IBAN)	Girokonto	
	Sparbuch	
	Tagesgeld	
	Festgeld	
	...	
Wertpapierdepot (mit IBAN)	Depot	
SACHWERTE		
Schmuck		
Fahrzeuge		
Sammlungen	Münzen, Briefmarken, Kunst etc.	
Haushalt	Fahrräder, E-Bikes	
	PC/Laptop/Smartphone/U-Elektronik	
	Mobiliar, Teppiche	
	Sonstiges	
VERSICHERUNGEN		
Lebensversicherung (Fällig am:)		
Priv. Rentenversicherung (1. Auszahlung am:)		
Sonstige Vers.		
FORDERUNGEN		
Finanzamt	Einkommensteuer-Jahresausgleich	
	Sonstiges	
SCHULDEN	Hypothekendarlehen	
	Kredite	
	Steuerschulden	
	Sonstige Schulden (Leasingraten etc.)	

GUT ZU WISSEN

Falls Sie befürchten, ein enttäuschter Nachkomme werde das Testament anzweifeln, legen Sie ein ärztliches Attest bei, das Ihre Geschäftsfähigkeit bestätigt. Auch die Unterschrift lässt sich kostengünstig beglaubigen, bspw. beim Landratsamt Ihrer Gemeinde. Aber Vorsicht: „Die Beglaubigung der Unterschrift ersetzt nicht die vollständige handschriftliche Abfassung", stellt Stephanie Herzog klar.

liche Familienstrukturen" hat – was auch in vielen Patchworkfamilien der Fall ist – oder ein großes Vermögen besitzt, womöglich mit eigenem Unternehmen, sollte zum Notar gehen.

Dieser berechnet seine Arbeit nach der Größe des Vermögens. Bei einem Nachlasswert von 50.000 Euro liegt die Gebühr für die Tätigkeiten des Notars bei 165 Euro. Bei einem Nachlasswert von 150.000 Euro werden 354 Euro fällig. Der Notar weist auch auf eventuelle Fehler bei der Abfassung hin.

Für die Erben hat ein solches Testament den Vorteil, dass das Grundbuchamt, Banken und Versicherungen es in unstrittigen Fällen sofort als Erbnachweis akzeptieren, sobald es vom Nachlassgericht eröffnet wurde. Beim handschriftlichen Testament hingegen benötigt der Erbe zusätzlich einen Erbschein. Diesen stellt das zuständige Nachlassgericht aus.

Wenn der Erblasser stirbt, gehen Rechte und Pflichten auf den Erben über – falls er das Erbe nicht ausschlägt. Das Testament sollte kurz und präzise formuliert sein. Eindeutigkeit ist das Wichtigste, um Streit zu vermeiden. Daher ist oftmals eine juristische Beratung nötig.

Weiterhin ist es günstig, die Erbengemeinschaft so klein wie möglich halten. Denn die Erbengemeinschaft muss einstimmig handeln. Bei widerstreitenden Interessen ist dies jedoch schwierig. Besonders in Patchworkfamilien gilt die Erbengemeinschaft als konfliktanfällig. Wenn also eine Person nur bestimmte Dinge erhalten soll, ist der Erblasser gut beraten, diese nicht als Erben einzusetzen, sondern als Vermächtnisnehmer.

→ TIPP Testamentsänderung

Wollen Sie Ihr Testament widerrufen oder ergänzen? Haben Sie es handschriftlich abgefasst und zu Hause aufbewahrt, so vernichten Sie einfach das alte und setzen ein neues auf. Ein notariell aufgesetztes Testament können Sie zurücknehmen. Sie hinterlegen dann ein neues oder ergänzen das alte. Sie können auch das notarielle Testament schriftlich widerrufen – bei sich daheim oder beim Notar.

Erbschaft oder Vermächtnis – was ist der Unterschied?

Was der Verstorbene hinterlässt, fällt an die Erben. Wer mit einem Vermächtnis bedacht wird, erhält die Sachen, die der Erblasser ausdrücklich ihm zugedacht hat (nach § 1939 BGB). Es handelt sich um einen schuldrechtlichen Anspruch gegen den Erben auf Herausgabe des Vermachten. Dabei kann es sich um bestimmte Gegenstände, wie zum Beispiel ein Grundstück oder ein Auto handeln, aber auch um ein Recht, wie beispielsweise Nießbrauch oder Rentenanspruch.

Vermächtnisse sind dann günstig, wenn eine Person neben der Familie besonders bedacht werden soll, beispielsweise der beste Freund. Auch der Nachlass in einer Patchworkfamilie kann so gut gestaltet werden. Wenn Kinder aus verschiedenen Beziehungen unterschiedlich am Vermögen von Vater oder Mutter beteiligt werden sollen, können diese mit Vermächtnissen bedacht werden.

Wichtig ist zunächst die Frage, wer zum Erben eingesetzt werden soll – der aktuelle Ehegatte oder alle Kinder oder nur ein Teil der Kinder?

Eine Möglichkeit ist die Einsetzung des aktuellen Ehegatten zum Erben und die Anordnung von Vermächtnissen zugunsten der Kinder. Dies kann im Erbvertrag auch wechselseitig geschehen. Die Gestaltungsmöglichkeiten mit einem Vermächtnis sind vielfältig, hier ist unbedingt fachkundiger Rat von Anwalt und/oder Notar einzuholen.

Elder Mediation – so lässt sich Streit vermeiden
Expertentipp von Dr. Christa Schäfer, Mediatorin aus Berlin

Paare mit gemeinsamen Kindern teilen oft ähnliche Vorstellungen das Erbe betreffend. Patchworkeltern hingegen haben eher unterschiedliche Interessen und komplexe Probleme zu bedenken. Vor allem eine Frage treibt sie um: Wollen sie die leiblichen Kinder bevorzugen oder sollen für alle dieselben Regeln gelten? Das kann zu Konflikten zwischen den Partnern führen und ganze Familien belasten. Niemand wird gern benachteiligt, niemand gern bevormundet. Es bietet sich an, früh das Gespräch in der Familie zu suchen. Vibriert die Luft schon vor lauter Spannung, könnte eine „Elder Mediation" hilfreich sein. Was ist das?

Kurz gesagt ist damit ein moderiertes Gespräch zwischen Jung und Alt gemeint. Bei dieser Altersmediation geht es vor allem ums Zuhören. Als allparteiliche, neutrale Instanz achtet der Mediator darauf, dass in einer respektvollen Atmosphäre jeder zu Wort kommt und gehört wird.

So können Lösungen gefunden werden, die für alle Beteiligten gut sind, die den Bedürfnissen von Alt und Jung Rechnung tragen.

Elder Mediation hat einen stark präventiven Charakter, bringt Familien an einen Tisch. In Kanada und den USA wird sie bereits seit den 80er-Jahren praktiziert. Die Schweiz gilt als Vorreiter in Europa, auch in Deutschland wird das Thema immer bekannter und gefragter.

Wenn in der Elder Mediation die Verteilung des Erbes grundsätzlich geklärt ist, kann anschließend ein Anwalt/Notar die Wünsche rechtssicher machen. Schwierige, oft jahrelange, teure Erbstreitigkeiten lassen sich so vermeiden.

Worin unterscheiden sich Testament und Erbvertrag?

Beides sind letztwillige Verfügungen. Ein Testament wird immer einseitig durch den Erblasser erstellt (§ 1937 BGB). Er legt fest, wie die Aufteilung seines Nachlasses nach seinem Ableben zu erfolgen hat. Ein Einzeltestament kann der Erblasser jederzeit widerrufen. An einem Erbvertrag hingegen müssen mindestens zwei Parteien beteiligt sein.

So müssen sowohl der Erblasser als auch die Erben der notariellen Beurkundung des Erbvertrags beiwohnen und diesen mit ihrer Unterschrift akzeptieren. Sie können den

Vertrag auch nur gemeinsam ändern. Ein Erbvertrag kann ein gutes Instrument sein, mit dem sich Unverheiratete gegenseitig absichern („Gemeinsame Immobilie ohne Trauschein", → Seite 142).

Im Testament kann eine Klausel zum Pflichtteil hilfreich sein. Denn wenn Kinder ihren Pflichtteil verlangen, kann das schwierig werden, da der Pflichtteil stets in Geld beglichen werden muss. Abhilfe kann eine Pflichtteilsstrafklausel im Testament schaffen. Sie besagt, dass derjenige, der seinen Pflichtteil verlangt, alle weiteren Rechte am Nachlass verliert. „Somit ist das Einfordern des Pflichtteils nicht länger attraktiv, es bleibt aber möglich. Es ist ein wenig wie der Versuch mit Zuckerbrot und Peitsche", sagt Stephanie Herzog.

→ **BEISPIEL „Partner zuerst":**
Viele Patchworkeltern wollen vorrangig den überlebenden Partner absichern. Die Kinder sollen erst dann bedacht werden, wenn auch dieser gestorben ist. Sollen also die eigenen Kinder des Erblassers nicht sofort erben, ist zu bedenken, dass diese gegenüber den eigenen Kindern des überlebenden Partners später vernachlässigt werden könnten.

Für Verheiratete eignet sich hierzu ein gemeinsames Testament. Für Unverheiratete ist das nicht möglich, ein ähnliches Ergebnis ist aber über einen Erbvertrag zu erzielen. Sollen alle Kinder – gemeinsame und einseitige – gleichbehandelt werden, ließe sich beispielhaft formulieren:

BEISPIEL

Formulierung

„Wir bestimmen uns gegenseitig zu Alleinerben. Zu Schlusserben nach dem Letztversterbenden setzen wir unsere Kinder (einseitige der Frau, Namen), (einseitige des Mannes, Namen) sowie unsere gemeinsamen Kinder (Namen) zu gleichen Teilen ein."

Pflichtteile

Die Gestaltungsfreiheit des Erblassers ist nicht unbegrenzt. Sie endet am Pflichtteil. Welche Rolle spielt dieser in der Patchworkfamilie? Zwar kann nach dem Gesetz jeder frei bestimmen, wer sein Erbe werden soll – auch kann der Erblasser Personen von der Erbfolge ausschließen – doch das Pflichtteilsrecht für Kinder, Ehegatten und Eltern schränkt diese Testierfreiheit ein. Das Pflichtteilsrecht nach § 2303 BGB sichert also die Mindestteilhabe am Erbe. Der Anspruch entsteht mit dem Erbfall. Er ist vererblich und übertragbar (§ 2317 BGB). Der Pflichtteil beträgt die Hälfte des gesetzlichen Erbteils.

Nicht alle der aufgeführten Personen haben aber in jedem Fall Anspruch auf den Pflichtteil. So sind die Eltern eines Erblas-

§ GESETZLICHE GRUNDLAGE

Pflichtteil

Bürgerliches Gesetzbuch (BGB)
§ 2303 Pflichtteilsberechtigte; Höhe des Pflichtteils:

1. Ist ein Abkömmling des Erblassers durch Verfügung von Todes wegen von der Erbfolge ausgeschlossen, so kann er von dem Erben den Pflichtteil verlangen. Der Pflichtteil besteht in der Hälfte des Wertes des gesetzlichen Erbteils.
2. Das gleiche Recht steht den Eltern und dem Ehegatten des Erblassers zu, wenn sie durch Verfügung von Todes wegen von der Erbfolge ausgeschlossen sind. Die Vorschrift des § 1371 bleibt unberührt.

sers nur pflichtteilsberechtigt, wenn keine direkten Nachkommen existieren. Enkel werden nur mit einem Pflichtteil bedacht, wenn ihre Eltern bereits verstorben sind. Stiefkinder haben generell keinen Anspruch auf einen Pflichtteil.

i GUT ZU WISSEN

Verjährungsfrist beachten

Um den Pflichtteil einfordern zu können, muss die Verjährungsfrist beachtet werden. Sie beträgt drei Jahre nach Kenntnis über den Erbfall bzw. die Enterbung. Die Frist beginnt am Ende des entsprechenden Jahres. Ist der Erblasser also beispielsweise im November 2019 gestorben und erfährt der Pflichtteilsberechtigte erst im März 2020 vom Erbfall, setzt die Verjährungsfrist am 31. Dezember 2020 ein und endet am 31. Dezember 2023.

Was ist der Pflichtteilsergänzungsanspruch?

Man stelle sich vor, der spätere Erblasser ist mit seinen nahen Angehörigen so zerstritten, dass ihm allein die Vorstellung, sie bekämen einen Pflichtteil, vollkommen zuwider ist. Der spätere Erblasser kommt nun auf die Idee, zu Lebzeiten viel zu verschenken, um den Nachlass – und damit auch die Höhe des Pflichtteils, zu schmälern.

Doch diese Rechnung wird womöglich nicht aufgehen. Um hier Nachteile für den Pflichtteilsberechtigten zu vermeiden, sieht das Gesetz (§§ 2325 ff. BGB) vor, dass auch Schenkungen für die Pflichtteilsberechnung relevant sind.

Um den Pflichtteilsergänzungsanspruch berechnen zu können, wird ein „fiktiver

Nachlass" gebildet, der sämtliche Zuwendungen, die der Erblasser in den letzten zehn Jahren vor seinem Tod verschenkt hat, berücksichtigt. Der Wert zum Zeitpunkt der Schenkung ist in der Regel maßgeblich. Hierbei gilt der Schenkungsbegriff nach § 516 Abs. 1 BGB, es hat also keine Gegenleistung gegeben.

Zugriff der Expartner: Wie kann das Vermögen geschützt werden?

Wenn eine Ehe geschieden (oder aufgehoben) wird, erlischt das gegenseitige gesetzliche Erbrecht. Der Ex-Partner ist also nicht mehr direkt am Nachlass beteiligt. Haben beide jedoch gemeinsame minderjährige Kinder, so führt dies zu einer mittelbaren Be-

GUT ZU WISSEN

Versicherungsleistung als Schenkung

Auch die Lebensversicherung oder der Sparvertrag zugunsten Dritter kann Pflichtteilsergänzungsansprüche auslösen („Lebensversicherung im Erbfall", → Seite 108). Die Versicherungsleistung gehört nicht zum Nachlass, sondern stellt eine Schenkung auf den Todesfall dar, wenn der Versicherungsnehmer und der Bezugsberechtigte nicht identisch sind, und dieses Bezugsrecht unwiderruflich erklärt wurde. Hier ist es ratsam, einen Anwalt zu konsultieren.

teiligung. Denn die bzw. der Ex bekommt im Normalfall die Vermögenssorge für das Kind – und damit auch Zugriff auf den Nachlass.

Der Fall lässt sich weiterdenken: Das gemeinsame Kind stirbt, nachdem es den zuerst verstorbenen Elternteil beerbt hat. Dann wird der Ex-Partner zum Erbe. Denn das Vermögen des Kindes – und damit auch das ererbte Vermögen – geht auf den Ex-Partner als Erben zweiter Ordnung über. Auch wenn der Ex-Partner mit dem Verstorbenen nicht verheiratet war, wird er die Vermögenssorge für das gemeinsame Kind erhalten. Und falls das gemeinsame Kind stirbt, erbt er.

Wie lässt sich die mittelbare Beteiligung reduzieren oder gar ausschließen?

Der Erblasser kann anordnen, dass der länger lebende Elternteil nicht die Vermögenssorge für das erhält, was das gemeinsame Kind durch Erbfolge, Vermächtnis oder als Pflichtteil erhält (nach § 1638 BGB). Für das Erbe, über das der Ex-Partner also keine Vermögenssorge ausüben kann, ist ein Ergänzungspfleger zu bestellen (§ 1909 BGB), diesen kann der Erblasser bestimmen.

Auch ist es möglich, einen Testamentsvollstrecker zu benennen, der mindestens bis zur Volljährigkeit des Kindes nach dem ererbten Vermögen des Kindes schaut (siehe Formulierungsbeispiel). Der Vollstrecker muss dem Kind Auskunft erteilen und auch eine Rechnungslegung erstellen. Dies kann von dem Ex-Partner verlangt werden.

BEISPIEL

Formulierung Ergänzungspfleger

„Der Mutter/dem Vater von (einseitiges Kind, Name), (Name der/des Expartners), wird gemäß 1638 BGB das elterliche Vermögensverwaltungsrecht bezüglich aller Vermögensgegenstände und Rechte entzogen, die das minderjährige Kind am Nachlass der Mutter/des Vaters erwirbt. Als Ergänzungspfleger bestimme ich Frau/Herrn (Name einer dritten Person).“

Um zu verhindern, dass der Ex-Partner nach dem Tod des Kindes auf das Vermögen zugreift, kann der Erblasser das Kind zum Vorerben und einen Dritten zum Nacherben bestimmen. Das Vermögen, das der Vorerbe – also das Kind – vom Erblasser erhält, bleibt damit vom sonstigen Vermögen des Kindes getrennt und geht im Fall der Fälle auf den Nacherben über. Für diese Regelungen ist dringend der Besuch beim Fachanwalt angeraten.

Ein Mustertestament für alle Patchworkfamilien zu finden, ist wegen der großen Vielfalt an Familienzusammensetzungen und Zielsetzungen nicht möglich. Es würde nie der individuellen Situation der Familie und dem Willen des Erblassers gerecht.

BEISPIEL

Testamentsvollstrecker

„Ich ordne für meinen Nachlass eine Testamentsvollstreckung an. Diese dauert für alle Erben, bis der Jüngste die Volljährigkeit erreicht hat. Zum Testamentsvollstrecker ernenne ich Frau/Herrn (Name), im Verhinderungsfall Frau/Herrn (Name). Andernfalls wird das Nachlassgericht ersucht, einen Testamentsvollstrecker zu benennen. Dieser darf nicht Frau/Herr (Name des Ex-Partners) sein.
Der Testamentsvollstrecker hat die Aufgabe, den Nachlass zu verwalten. Die Auseinandersetzung des Nachlasses soll am 18. Geburtstag meines jüngsten Kindes erfolgen."

Fazit

Der Tod ist ein Tabuthema, das oft verdrängt wird. Doch gerade Patchworkfamilien sollten sich frühzeitig mit dem Erbrecht befassen, denn Stiefkinder sind – ebenso wie Lebensgefährten ohne Trauschein und deren Kinder aus vorherigen Beziehungen – nicht in der gesetzlichen Erbfolge vorgesehen. Der Gesetzgeber billigt Stiefkindern, wenn sie im letzten Willen bedacht werden, immerhin die gleichen Freibeträge und Erbschaftsteuersätze zu wie leiblichen Kindern.

Um den Nachlass zu regeln, ist zunächst eine Vermögensübersicht zu erstellen. Dann ist zu überlegen, welches Ziel erreicht werden soll. Gibt es in der Familie Differenzen, kann Elder Mediation ein Weg sein, den Nachlass gütlich zu regeln. Bei der Regelung des Nachlasses sind Pflichtteilregeln zu beachten und auch der mögliche Einfluss der Ex-Partner auf das Erbe.

Für die individuelle Ausgestaltung von komplexen Erbangelegenheiten ist der Rat eines Fachanwalts oder Notars zu empfehlen.

Anhang

Weiterführende Informationen

→

Viele Gesetze, Urteile und nützliche Informationen stehen kostenlos im Internet – aber wo? Anbei finden Sie Links und Hinweise rund um Patchworkfamilie, Recht und Finanzen.

Aktuelle Informationen rund um „Patchwork, Geld und Recht" enthält die Internetseite **www.patchworkreport.de.** Sie wird von der Autorin dieses Ratgebers verantwortet.

STUDIEN

Bundesministerium für Familie, Senioren, Frauen und Jugend (BMFSFJ)
Stief- und Patchworkfamilien in Deutschland. Monitor Familienforschung, 2013
https://www.bmfsfj.de/blob/76242/1ab4cc12c386789b943fc7e12fdef6a1/monitor-familienforschung-ausgabe-31-data.pdf

Achter Familienbericht – Zeit für Familie – Familienzeitpolitik als Chance einer nachhaltigen Familienpolitik
http://www.bmfsfj.de/BMFSFJ/Service/Publikationen/publikationen,did=186954.html

Organisation für wirtschaftliche Zusammenarbeit und Entwicklung (OECD)
Dare to share – Deutschlands Weg zur Partnerschaftlichkeit in Familie und Beruf, 2017
https://dx.doi.org/10.1787/9789264263420-4-de

Deutsches Institut für Wirtschaftsforschung (DIW)
Wochenbericht: Schule, Eltern und finanzielle Bildung bestimmen das Finanzverhalten, 2015
https://www.econstor.eu/bitstream/10419/113237/1/829316876.pdf

Institut für Demoskopie Allensbach/Vorwerk
Familienstudie: Ergebnisse einer repräsentativen Bevölkerungsumfrage zur Familienarbeit in Deutschland, 2013
https://corporate.vorwerk.de/fileadmin/data/master_corporate/04_Presse/Publikationen/Vorwerk-Familienstudie-2013.pdf

Hertie School of Governance, Universität Rostock, Universität Magdeburg
Familien nach Trennung und Scheidung in Deutschland, 2018
https://www.hertie-school.org/fileadmin/4_Debate/Press_releases/2018-05-07_Kreyenfeld_divorce/Familien_Trennung_Scheidung_v2.pdf

INFORMATIONEN ZU STAATLICHEN LEISTUNGEN

Bundesministerium für Familie, Senioren, Frauen und Jugend (BMFSFJ)
Familien-Wegweiser
http://www.familien-wegweiser.de/

Gute Kinderbetreuung
http://www.bmfsfj.de/BMFSFJ/Kinder-und-Jugend/kinderbetreuung,did=118986.html

Starke-Familien-Checkheft
https://www.bmfsfj.de/bmfsfj/service/publikationen/starke-familien-checkheft/136896

Lokale Bündnisse für Familie
http://www.lokale-buendnisse-fuer-familie.de/

Elterngeldrechner
https://familienportal.de/familienportal/rechner-antraege/elterngeldrechner

Digitale Beantragung des Elterngeldes
www.elterngeld-digital.de

Bundesagentur für Arbeit
Kindergeld
https://www.arbeitsagentur.de/familie-und-kinder/infos-rund-um-kindergeld

Bundesministerium für Arbeit und Soziales (BMAS)
Bildungspaket
https://www.bmas.de/DE/Themen/Arbeitsmarkt/Grundsicherung/Leistungen-zur-Sicherung-des-Lebensunterhalts/Bildungspaket/bildungspaket.html

Zentrum Bayern Familie und Soziales (ZBFS; Landesbehörde im Ressort des Bayerischen Sozialministeriums)
Familiengeld (gibt es nur in Bayern)
https://www.zbfs.bayern.de/familie/familiengeld/

INFORMATIONEN ZUR RENTE

Freie Rentenberater
Diese helfen gegen Honorar beim Rentenanspruch oder bei Fragen in der Versicherungslaufbahn.
Adressen finden sich beispielsweise über den Bundesverband der Rentenberater unter www.rentenberater.de

Deutsche Rentenversicherung (DRV)
In den Beratungsstellen der DRV können Sie Ihr Anliegen persönlich besprechen. Es empfiehlt sich eine kostenlose Terminvereinbarung unter der Telefonnummer 0800 1000 4800. Viele Informationen finden sich auch im Internet unter www.deutsche-rentenversicherung.de

Renten für Hinterbliebene
www.deutsche-rentenversicherung.de/DRV/DE/Rente/Allgemeine-Informationen/Rentenarten-und-Leistungen/Renten-an-Hinterbliebene/renten_an_hinterbliebene.html

DRV-Broschüre „Hinterbliebenenrente: Hilfe in schweren Zeiten“
https://www.deutsche-rentenversicherung.de/SharedDocs/Downloads/DE/Broschueren/national/hinterbliebenenrente_hilfe_in_schweren_zeiten.pdf?__blob=publicationFile&v=6

INFORMATIONEN ZUR PFLEGE

Bundesgesundheitsministerium (BMG)
https://www.bundesgesundheitsministerium.de/fileadmin/Dateien/5_Publikationen/Pflege/Broschueren/PSG_Das_Wichtigste_im_Ueberblick.pdf

Online-Ratgeber „Pflege“
www.pflegestaerkungsgesetz.de

Deutsche Rentenversicherung (DRV)
Online-Broschüre „Rente für Pflegepersonen“ der Deutschen Rentenversicherung
https://www.deutsche-rentenversicherung.de/SharedDocs/Downloads/DE/Broschueren/national/rente_fuer_pflegepersonen.pdf?__blob=publicationFile&v=2 --

INFORMATIONEN ZU UNTERHALT/ KINDSCHAFTSRECHT, KINDERRECHTEN

Bundesministerium der Justiz und für Verbraucherschutz (BMJV)
Das Kindschaftsrecht, 2019
https://www.bmjv.de/SharedDocs/Publikationen/DE/Kindschaftsrecht.html;jsessionid=8B77916A924E07F945B4F24FC22B8324.1_cid289

Deutsches Jugendinstitut e.V. (DJI)
www.dji.de

Deutsche Liga für das Kind
Deutsche Liga für das Kind in Familie und Gesellschaft (Initiative gegen frühkindliche Deprivation) e.V.
www.liga-kind.de

Oberlandesgericht Düsseldorf (OLG)
Düsseldorfer Tabelle 2020
https://www.olg-duesseldorf.nrw.de/infos/Duesseldorfer_Tabelle/Tabelle-2020/Duesseldorfer-Tabelle-2020.pdf

Weitere Düsseldorfer Tabellen und Informationen
https://www.olg-duesseldorf.nrw.de/infos/Duesseldorfer_Tabelle/index.php

Verband alleinerziehender Mütter und Väter e. V.
Bundesverband (VAMV)
www.vamv.de

INFORMATIONEN ZU PATIENTENVERFÜGUNG/ VORSORGEVOLLMACHT/ BETREUUNGSVERFÜGUNG

Bundesministerium der Justiz und für Verbraucherschutz (BMJV)
Patientenverfügung
https://www.bmjv.de/SharedDocs/Downloads/DE/Service/Formulare/Patientenverfuegung_Textbausteine_word.html

Vorsorgevollmacht
https://www.bmjv.de/SharedDocs/Downloads/DE/Service/Formulare/Vorsorgevollmacht.html

Betreuungsverfügung
https://www.bmjv.de/SharedDocs/Downloads/DE/Service/Formulare/Betreuungsverfuegung.html?nn=6765634&cms_dlConfirm=true

INFORMATIONEN ZUM HAUSHALT

Bayerisches Staatsministerium für Ernährung, Landwirtschaft und Forsten (StMELF)
Haushaltskompass
https://www.stmelf.bayern.de/hhk/vorbereitung

Bund der Energieverbraucher e. V.
https://www.energieverbraucher.de

Liste mit sparsamen Haushaltsgeräten
https://www.spargeraete.de/

Verbraucherzentrale
„Das Haushaltsbuch. Alle Finanzen im Griff. Ausgaben und Einnahmen für 12 Monate", Hrsg. von der Verbraucherzentrale, 25. Auflage, ISBN 978-3-86336-125-9

INFORMATIONEN ZUR VERBRAUCHERBILDUNG/-BERATUNG

Arbeitsgemeinschaft Schuldnerberatung der Verbände (AG SBV)
Mitglieder:
Arbeiterwohlfahrt Bundesverband e. V. (AWO)
Deutscher Caritasverband e. V. (DCV)
Bundesarbeitsgemeinschaft Schuldnerberatung e. V. (BAG-SB)
Deutscher Paritätischer Wohlfahrtsverband – Gesamtverband e. V. (Der Paritätische)
Deutsches Rotes Kreuz (DRK)
Diakonie Deutschland – Evangelischer Bundesverband – Evangelisches Werk für Diakonie und Entwicklung e. V. (Diakonie)
Verbraucherzentrale Bundesverband e. V. (VZBV)
www.agsbv.de

Geldbiografien
www.geldbiografien.de

hermoney – Finanzfitness für Frauen
www.hermoney.de

Institut für Finanzdienstleistungen e. V. (iff)
www.iff-hamburg.de

Präventionsnetzwerk Finanzkompetenz e. V. (PNFK)
www.pnfk.de

Verbraucherzentrale Bundesverband e. V. (VZBV)
www.vzbv.de

INFORMATIONEN ZU MEDIATION/ GEWALTFREIE KOMMUNIKATION

Zentrum für gewaltfreie Kommunikation (nonviolent communication)
https://www.cnvc.org

Mediationsverbände
Die drei großen Verbände können als erste Anlaufstellen für Interessierte dienen. Die Mitgliedschaft in einem Verband ist keine Voraussetzung für die Zertifizierung als Mediator.

Bundesverband Mediation e. V. (BM)
Tel.: 030 54 90 60 8-0; Fax: 030 54 90 60 8-99
E-Mail: info@bmev.de;
www.bmev.de

Bundesverband Mediation in Wirtschaft und Arbeitswelt e. V. (BMWA)
Tel.: 0821-58 86 43 66; Fax: 0821-58 91 29 8
E-Mail: info@bmwa.de;
www.bmwa.de

Bundes-Arbeitsgemeinschaft für Familien-Mediation (BAFM)
Tel.: 030-23 62 82 66; Fax: 030-21 96 88 10
E-Mail: bafm@bafm-mediation.de;
www.bafm-mediation.de

INFORMATIONEN ZU ERBE/SCHENKUNG

Bundesministerium der Finanzen
https://www.bundesfinanzministerium.de/Web/DE/Themen/Steuern/Steuerarten/Erbschaft_und_Schenkungsteuer/erbschaft_schenkungsteuer.html

RECHTLICHES – GESETZE UND URTEILE

Notare
Die Bundesnotarkammer hat eine gebührenfreie Informationshotline unter der Rufnummer 0800-3550700 FREE für Anfragen zum Zentralen Testamentsregister eingerichtet. Interessierte Bürger erhalten hier sowie unter www.testamentsregister.de Antworten auf Fragen zu dem gesetzlichen Register.
www.bundesnotarkammer.de

Rechtsanwälte
Vor allem bei Regelungen zum letzten Willen, aber auch in anderen kniffligen Patchwork-Situationen ist der Gang zum Fachanwalt zu empfehlen. Über die Homepage des Deutschen Anwaltsvereins lassen sich entsprechende Anwälte in Ihrer Nähe finden.
www.anwaltsauskunft.de

Bundesgesetze können Sie kostenlos einsehen unter www.gesetze-im-internet.de.
Höchstrichterliche Entscheidungen finden Sie unter www.bundesgerichtshof.de;
www.bundessozialgericht.de;
www.bundesverfassungsgericht.de;
www.bundesverwaltungsgericht.de

Eine Auswahl an Entscheidungen, die für Patchworkfamilien wichtig sind, finden Sie hier, nach Gericht/Institution geordnet:

Bundesministerium der Finanzen
Entlastungsbetrag für Alleinerziehende (§ 24b EStG); Anwendungsschreiben GZIV C 8 -S 2265-a/14/10005DOK2017/0877364
www.bundesfinanzministerium.de/Content/DE/Downloads/BMF_Schreiben/Steuerarten/Einkommensteuer/2017-10-23-entlastungsbetrag-fuer-alleinerziehende.pdf?__blob=publicationFile&v=2

Bundesfinanzhof (BFH)
Thema: Kindergeldberechtigte/Zählkinder in Patchworkfamilien
III R 24/17, Urteil vom 25.04.2018
www.bundesfinanzhof.de/de/entscheidung/entscheidungen-online/detail/STRE201810121/

Bundessozialgericht (BSG)
Thema: Grundsicherung für Arbeitsuchende/Patchworkfamilie
B 14 AS 2/08 R, Urteil vom 13.11.2008
sozialgerichtsbarkeit.de/sgb/esgb/show.php?modul=esgb&id=89874

Thema: Pflegeversicherung, Beitragszuschlag für Kinderlose trotz Patchworkfamilie
B 12 P 1/16 R, Urteil vom 05.12.2017
https://sozialgerichtsbarkeit.de/sgb/esgb/export.php?modul=esgb&id=198672&exportformat=PDF

Thema: SGB-II-Bezug, Einkommen des Stiefvaters/Bedarfsgemeinschaft
B 4 AS 67/11 R, Urteil vom 23.05.2013
juris.bundessozialgericht.de/cgi-bin/rechtsprechung/document.py?Gericht=bsg&Art=en&nr=13120

Landessozialgericht Sachsen-Anhalt (LSG)
Thema: keine Halbwaisenrente für Stiefkinder bei getrennten Haushalten
L 3 R 212/08, Urteil vom 23.06.2010
www.kostenlose-urteile.de/Urteil10682

Sozialgericht Stuttgart (SG)
Thema: keine Halbwaisenrente.
Patchworkfamilie ohne Trauschein
S 19 R 5054/07, Urteil vom 31.05.2011
sozialgericht-stuttgart.justiz-bw.de/pb/,Lde/1211720/?LISTPAGE=1211600

Bayerischer Verwaltungsgerichtshof (Bayerischer VGH)
Thema: keine Befreiung vom Studienbeitrag bei Stieffamilien
7 ZB 10.235, Beschluss vom 16.11.2010
www.kostenlose-urteile.de/Beschluss10830

Oberverwaltungsgericht Bautzen (OVG)
Thema: Beitragsermäßigung in städtischen Dresdner Kindertagesstätten
4 A 880/16, Urteil vom 12.02.2019
www.justiz.sachsen.de/ovgentschweb/documents/16A880.pdf

Bundesverfassungsgericht (BVerfG)
Thema: Verfassungsbeschwerde gegen Einkommensanrechnung eines Patchworkvaters bei Hartz IV-Leistungen
1 BvR 1083/09, Beschluss vom 29.05.2013
www.bundesverfassungsgericht.de/e/rk20130529_1bvr108309.html

Thema: vollständiger Ausschluss der Stiefkindadoption in nichtehelichen Familien verfassungswidrig; Gesetzgeber muss bis zum 31.03.2020 Neuregelung treffen.
1 BvR 673/17, Beschluss vom 26.03.2019
www.bverfg.de/e/rs20190326_1bvr067317.html
Siehe hierzu: Gesetzentwurf, den der Bundestag am 13.02.2020 angenommen hat:
dip21.bundestag.de/dip21/btd/19/171/1917154.pdf

Bundesgerichtshof (BGH)
Thema: Patientenverfügung
XII ZB 604/15, Urteil vom 08.02.2017
juris.bundesgerichtshof.de/cgi-bin/rechtsprechung/document.py?Gericht=bgh&Art=en&nr=77818

Thema: Pfändungsfreibetrag/Bedarfsgemeinschaft
IX ZB 100/16, Urteil vom 19.10.2017
juris.bundesgerichtshof.de/cgi-bin/rechtsprechung/document.py?Gericht=bgh&Art=en&sid=5fc848f45d88cb7902e4750811fb47f5&nr=79949&pos=0&anz=1

Thema: Versicherungsvertrag/„verwitweter Ehegatte“
IV ZR 437/14, Urteil vom 22.07.2015
juris.bundesgerichtshof.de/cgi-bin/rechtsprechung/document.py?Gericht=bgh&Art=en&nr=71925&pos=0&anz=1

Amtsgericht Siegburg (AG)
Thema: Keine Eigenbedarfskündigung für Patchworkkind, das nicht im Haushalt des Vermieters lebt
105 C 97/18, Urteil vom 17.10.2018
openjur.de/u/2137889.html

Adressen

VERBRAUCHERZENTRALEN

Baden-Württemberg
Paulinenstraße 47
70178 Stuttgart
Tel: 0711 66 91 10
Fax: 0711 66 91 50
E-Mail: info@vz-bw.de

Bayern
Mozartstraße 9
80336 München
Tel: 089 55 27 94-0
Fax: 089 53 75 53
E-Mail: info@vzbayern.de

Berlin
Ordensmeisterstraße 15–16
12099 Berlin
Tel.: 030 21 48 50
Fax: 030 21 17 201
E-Mail: mail@verbraucherzentrale-berlin.de

Brandenburg
Babelsberger Straße 12
14473 Potsdam
Tel.: 0331 29 87 10
Fax: 0331 29 87 177
E-Mail: info@vzb.de

Bremen
Altenweg 4
28195 Bremen
Tel.: 0421 16 07 77
Fax: 0421 16 07 780
E-Mail: info@verbraucherzentrale-bremen.de

Hamburg
Kirchenallee 22
20099 Hamburg
Tel.: 040 24 83 20
Fax: 040 24 83 2290
E-Mail: info@vzhh.de

Hessen
Große Friedberger Straße 13–17
60313 Frankfurt am Main
Tel.: 069 972010-900
Fax: 069 97 20 10 40
E-Mail: vzh@verbraucherzentrale-hessen.de

Mecklenburg-Vorpommern
Strandstraße 98
18055 Rostock
Tel.: 0381 20 87 050
Fax : 0381 20 87 030
E-Mail: info@verbraucherzentrale-mv.eu

Niedersachsen
Herrenstraße 14
30159 Hannover
Tel.: 0511 91 19 60
Fax: 0511 91 19 610
E-Mail: info@vzniedersachsen.de

Nordrhein-Westfalen
Mintropstraße 27
40215 Düsseldorf
Tel.: 0211 38 09 0
Fax: 0211 38 09 216
E-Mail: kontakt@verbraucherzentrale.nrw

Rheinland-Pfalz
Seppel-Glückert-Passage 10
55116 Mainz
Tel.: 06131 28 48 0
Fax: 06131 28 48 66
E-Mail: info@vz-rlp.de

Saarland
Trierer Straße 22
66111 Saarbrücken
Tel.: 0681 50 08 90
Fax: 0681 50 08 922
E-Mail: vz-saar@vz-saar.de

Sachsen
Katharinenstraße 17
04109 Leipzig
Tel: 0341 69 62 90
Fax: 0341 68 92 826
E-Mail: vzs@vzs.de

Sachsen-Anhalt
Steinbockgasse 1
06108 Halle
Tel.: 0345 29 27 800
Fax: 0345 29 80 326
E-Mail: vzsa@vzsa.de

Schleswig-Holstein
Hopfenstraße 29
24103 Kiel
Tel.: 0431 59 09 940
Fax: 0431 59 0 9 977
E-Mail: info@vzsh.de

Thüringen
Eugen-Richter-Straße 45
99085 Erfurt
Tel.: 0361 55 51 40
Fax: 0361 55 51 440
E-Mail: info@vzth.de

Verbraucherzentrale Bundesverband
Rudi-Dutschke-Straße 17
10969 Berlin
Tel.: 030 25 80 00
Fax: 030 25 80 05 18
E-Mail: info@vzbv.de

Stichwortverzeichnis

J, K

L

M

N, O

P

R

S

T

U

V

W

Z

Bildnachweis

stock.adobe.com
S. 6 Sunny studio
S. 12 asife
S. 18 WavebreakmediaMicro
S. 20 czarny_bez
S. 4, 22 WavebreakMediaMicro
S. 30 naka
S. 41 S. Kobold
S. 49 Kunstzeug
S. 53 zinkevych
S. 54 fizkes
S. 56 Farknot Architect
S. 62 Kittiphan
S. 65 weyo
S. 82 photophonie
S. 4, 84 Андрей Яланский
S. 91 PheelingsMedia
S. 94 Syda Productions
S. 103 Thomas Scherr
S. 106 LIGHTFIELD STUDIOS
S. 5, 110 Wayhome Studio
S. 112 Robert Kneschke
S. 114 Stockfotos-MG
S. 5, 118 fizkes
S. 123 Monster Ztudio
S. 131 Halfpoint
S. 5, 138 Андрей Яланский
S. 141 snowing12
S. 146 shurkin_son
S. 162 fizkes
S. 166 WavebreakMediaMicro
S. 170 adragan
S. 174 goodluz

Maren Lohrer
S. 81

Expertenfotos
S. 19 iff e.V.
S. 24 Alexandria Singler
S. 79 Verbraucherzentrale NRW
S. 83 Claudia Chmel
S. 115 Ernst Fesseler
S. 152 Peter Korn-Hornung
S. 163 Simin Kianmehr
S. 167 Ines Grabner

Umschlagfoto
plainpicture/miep

Im Interesse der Lesbarkeit beziehen sich sämtliche Personen- und Funktionsbezeichnungen auf alle Geschlechtsformen.

1. Auflage, November 2020

ISBN 978-3-86336-140-2
Printed in Germany

Impressum

Herausgeber
Verbraucherzentrale
Nordrhein-Westfalen e. V.
Mintropstraße 27
40215 Düsseldorf
Tel.: 0211 38 09 0
Fax: 0211 38 09 216
www.verbraucherzentrale.nrw

Mitherausgeber
Verbraucherzentrale Hamburg e. V.
(Adresse → Seite 184)

Autorin
Maren Lohrer, München

Koordination
Wolfgang Starke

Lektorat
Kreativlektorat Daniela Vogel, Finnentrop
www.kreativlektorat.de

Fachliche Beratung
Dr. Otto N. Bretzinger, Sylvia Groh, Thomas Hentschel, Silke Rey-Romero, Martin Wahlers, Elke Weidenbach

Layout und Satz
Grazyna Rojek, Essen
www.grazynarojek.de

Umschlaggestaltung
Designbüro Ute Lübbeke, Köln
www.LNT-design.de

Gestaltungskonzept
Lichten Kommunikation und Gestaltung, Hamburg
www.lichten.com

Druck
AZ Druck und Datentechnik GmbH, Kempten

Redaktionsschluss: 30. September 2020